Rainer Weber

Gestern bestellt – heute geliefert

Gestern bestellt – heute geliefert

Instrumente, Organisations- und Fertigungsregeln zur Verbesserung der Kundenorientierung, Flexibilität, Schnelligkeit und Produktivität

Refa-Ing. Rainer Weber

Kontakt & Studium
Band 604

Herausgeber:
Prof. Dr.-Ing. Wilfried J. Bartz
Technische Akademie Esslingen
Weiterbildungszentrum
DI Elmar Wippler
expert verlag

expert verlag®

Die Deutsche Bibliothek – CIP-Einheitsaufnahme

Weber, Rainer:
Gestern bestellt – heute geliefert : Instrumente, Organisations- und Fertigungsregeln zur Verbesserung der Kundenorientierung, Flexibilität, Schnelligkeit und Produktivität / Rainer Weber ... – Renningen-Malmsheim : expert-Verl., 2000
(Kontakt & Studium ; Bd. 604)
ISBN 3-8169-1802-6

ISBN 3-8169-1802-6

Bei der Erstellung des Buches wurde mit großer Sorgfalt vorgegangen; trotzdem können Fehler nicht vollständig ausgeschlossen werden. Verlag und Autoren können für fehlerhafte Angaben und deren Folgen weder eine juristische Verantwortung noch irgendeine Haftung übernehmen.
Für Verbesserungsvorschläge und Hinweise auf Fehler sind Verlag und Autoren dankbar.

Herausgeber-Vorwort

Bei der Bewältigung der Zukunftsaufgaben kommt der beruflichen Weiterbildung eine Schlüsselstellung zu. Im Zuge des technischen Fortschritts und der Konkurrenzfähigkeit müssen wir nicht nur ständig neue Erkenntnisse aufnehmen, sondern Anregungen auch schneller als der Wettbewerber zu marktfähigen Produkten entwickeln. Erstausbildung oder Studium genügen nicht mehr – lebenslanges Lernen ist gefordert!

Berufliche und persönliche Weiterbildung ist eine Investition in die Zukunft.

- Sie dient dazu, Fachkenntnisse zu erweitern und auf den neuesten Stand zu bringen
- sie entwickelt die Fähigkeit, wissenschaftliche Ergebnisse in praktische Problemlösungen umzusetzen
- sie fördert die Persönlichkeitsentwicklung und die Teamfähigkeit.

Diese Ziele lassen sich am besten durch die Teilnahme an Lehrgängen und durch das Studium geeigneter Fachbücher erreichen.

Die Fachbuchreihe Kontakt & Studium wird in Zusammenarbeit des expert verlages mit der Technischen Akademie Esslingen herausgegeben.

Mit ca. 500 Themenbänden, verfaßt von über 2.000 Experten, erfüllt sie nicht nur eine lehrgangsbegleitende Funktion. Ihre eigenständige Bedeutung als eines der kompetentesten und umfangreichsten deutschsprachigen technischen Nachschlagewerke für Studium und Praxis wird von den Rezensenten und der großen Leserschaft gleichermaßen bestätigt. Herausgeber und Verlag würden sich über weitere kritisch-konstruktive Anregungen aus dem Leserkreis freuen.

Möge dieser Themenband vielen Interessenten helfen und nützen.

Prof. Dr.-Ing. Wilfried J. Bartz　　　　Dipl.-Ing. Elmar Wippler

Gestern bestellt – heute geliefert

Angesichts des tiefgreifenden Wandels am Markt erkennen viele Unternehmen, dass die traditionellen Formen der Organisation, der Auftragsabwicklung, der Fertigung, trotz hohen EDV-Einsatzes, bezüglich Flexibilität und Effizienz den Anforderungen der Kunden nicht mehr genügen.

Die Gründe dafür sind:

- Höherer Konkurrenzdruck / fallende Preise / immer kürzer werdende Lieferzeiten
- Steigende Komplexität, Variantenvielfalt und Zuverlässigkeitserwartungen
- Zu hohe Gemeinkosten in den planenden, steuernden und verwaltenden Bereichen

Also muß die Devise lauten:

- Schnellere Auftragsbearbeitung
- Höhere Lieferbereitschaft und Termintreue
- Kürzere Lieferzeiten, steigende Variantenvielfalt
- Häufigere Auftragszyklen, kleinere Lose

In Verbindung mit den heute weiter geforderten Notwendigkeiten

- Optimierung der Wertschöpfung
- Flexibilität und Qualität erhöhen
- Senkung der Bestände, Verbesserung der Liquidität

führt dies zu steigenden Anforderungen an eine abgespeckte, aber effektive EDV-Organisation, und insbesondere an die Durchsetzungssysteme:

Auftragsabwicklung – Beschaffung – Werkstattorganisation und –steuerung

In diesem Buch erfahren Sie, was Sie tun müssen, um

a) schneller als die Konkurrenz reagieren zu können

und

b) durch Schaffen von Auftragsabwicklungszentren und Fertigungsteams Durchlaufzeiten und Kosten zu sparen, sowie eine höhere Effizienz zu erreichen

Wobei der Leitsatz lautet:

Nicht mehr, sondern anders arbeiten

Also Arbeitsprozesse / Geschäftsvorgänge nicht schneller abgearbeitet werden, sondern durch neue Organisationsformen und Verantwortlichkeiten völlig entfallen und somit nicht mehr getätigt werden müssen.

Hauptansätze sind:

- Bilden von kleinen, eigenständig operierenden Einheiten in Auftragsabwicklung und Produktion
- Abbau von nicht wertschöpfenden Tätigkeiten durch Schaffen von prozessorientierten Abläufen
- Neue Steuerungskonzepte und besseres Einbinden der Lieferanten in das Gesamtsystem Logistik
- Mittels Kennzahlen und Motivationssystemen gezielt die Effizienz in allen Bereichen zu erhöhen

Direkte Anwendungsbeispiele, praktizierte Modelle erleichtern dem Leser die Umsetzung im eigenen Unternehmen.

Rainer Weber

Inhaltsverzeichnis

1. Einleitung

Der Zwang des Marktes stellt an die Produktionsbetriebe immer größere Herausforderungen. Insbesondere muss auf Kundenwünsche individueller, schneller und flexibler eingegangen werden, was bedeutet:

- ⇨ **schnellere Auftragsbearbeitung**
- ⇨ **höhere Lieferbereitschaft und Termintreue**
- ⇨ **kürzere Lieferzeiten und höhere Flexibilität**
- ⇨ **häufigere Auftragszyklen und kleinere Lose**
- ⇨ **steigende Variantenvielfalt und Reduzieren von Rüstzeiten.**

In Verbindung mit den heute weiter geforderten Notwendigkeiten

- ⇨ **schlanke Produktion**
- ⇨ **Senkung der Bestände**
- ⇨ **Verkürzung der Durchlaufzeiten**
- ⇨ **Verbesserung der Liquidität**

führt dies zu steigenden Anforderungen an schlanke Unternehmensformen auf allen Ebenen der Organisation, und insbesondere an die Durchsetzungssysteme:

Auftragsabwicklung - Werkstattorganisation und Werkstattsteuerung.

Um also schneller als die Konkurrenz reagieren zu können, muss die Organisation eines Unternehmens diesen Notwendigkeiten so angepasst werden, dass:

a) Ein abgespeckter aber effektiver EDV-PPS-BDE-Einsatz erreicht wird,

und

b) durch Schaffen von Auftragsabwicklungszentren Durchlaufzeiten und Kosten gespart, sowie eine höhere Effizienz erreicht wird,

und

c) unter Einbeziehung der betrieblichen Führungskräfte (Meister, und Gruppensprecher) eine zeitgemäße Werkstattorganisation und Werkstattsteuerung mit erweitertem Dispositionsspielraum, Selbststeuerung und Eigeninitiative, eine leistungsfähige Just-in-Time-Auftragsabwicklung und Fertigung, sowie eine wettbewerbsfähige Kostensituation geschaffen wird,

die die oben genannten Ziele verwirklicht.

Das schlanke Unternehmen soll somit die Vorteile des Kleinbetriebes, mit der Serienfertigung eines Großbetriebes kombinieren, ohne die hohen Kosten bzw. die Starrheit eines Großunternehmens zu besitzen.

Um dies zu erreichen, müssen auf allen Ebenen Teams und Organisationsformen mit umfassend ausgebildeten Mitarbeitern, sowie hoch flexiblen Maschinen geschaffen und eingesetzt werden und mittels vertikalen Organisationsformen Verantwortung in der Hierarchie weit nach unten zu verlagern, um mittels solcher durchgängiger Informationssysteme eine absolute Kundenorientierung zu schaffen.

Diese vertikale Organisationsformen verlangen von den Mitarbeitern nicht nur ein neues Denken, sondern auch eine flexiblere Ausbildung, sowie ein kreatives Verhalten mit mehr Entscheidungsfreudigkeit, was die Persönlichkeit aufwertet, langwierige Entscheidungsprozesse und überflüssige Gemeinkosten vermeidet.

Bild 1.1: *Darstellung - Am Markt erzielbarer Preis / Anzahl erhaltene Aufträge in Abhängigkeit der Lieferzeit*

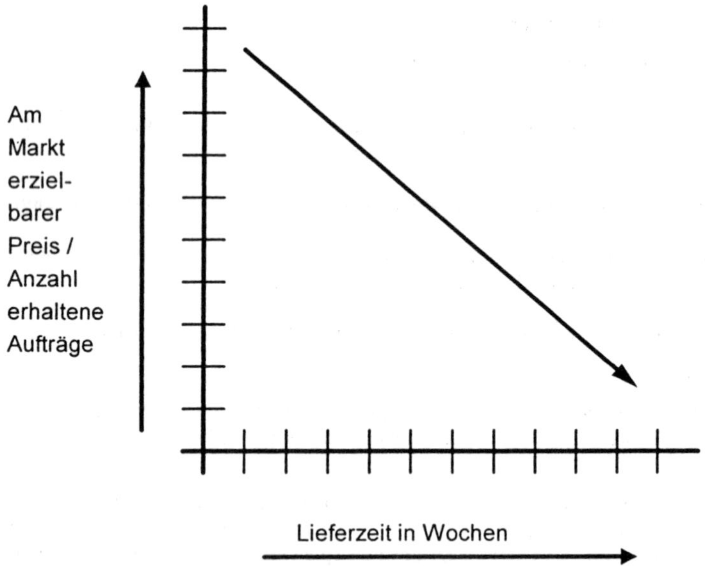

Hingewiesen werden, muss in diesem Zusammenhang noch auf die in Detailbetrachtungen, sowie in Kostenrechnung/Kalkulation nicht einfließende Problematik, der nicht mehr beherrschbaren Fertigung (PPS-System stellt nur dar, löst die Probleme nicht).

Bild 1.2: *Darstellung der Warteschlangenproblematik bei steigender Teile-/ Variantenvielfalt*

Jahr	Anzahl Artikel	Anzahl Mitarb. Arbeitspl.	Warteschlangenfaktor je Artikel	Wie häufig kann der Artikel gefertigt werden	Wie häufig kann der Artikel im Jahr aufgelegt werden
1	**2**	**3**	**4 = 2 : 3**	**5 (Ø)**	**6 = 220 AT : Pos. 5**
1985	6.000	100	1 : 60	alle 60 Tage	ca. 4 x / Jahr
1990	10.000	120	1 : 83	alle 83 Tage	ca. 3 x / Jahr
1995	15.000	130	1 : 115	alle 115 Tage	ca. 2 x / Jahr
heute	22.000	100 [1)]	1 : 220	alle 220 Tage	ca. 1 x / Jahr
2005	30.000	100 [1)]	1 : 300	alle 300 Tage	ca. 0,7 x / Jahr

[1)] Anzahl fällt z.B. durch steigende Automatisierung

In einem Unternehmen in dem eine so große, und noch ständig weiter steigende, Anzahl Artikel pro Arbeitsplatz durchgesetzt / abgearbeitet werden müssen, gemäß Kundenwünschen, ist:

a) die Fertigung bei einem gewollten Lagerumschlag von z.B. 6 - 8 x pro Jahr nicht mehr steuerbar,

b) oder die Bestände müssen so hochgefahren werden, dass die Warteschlangenfaktoren in der Fertigung keine Rolle mehr spielen, was nicht bezahlbar ist.

c) Und die Durchlaufzeiten werden immer länger, die Flexibilität des Unternehmens sinkt permanent.

Wobei es bei diesen Größenordnungen unerheblich ist, wieviel Teile letztlich durch Normung / Produktbereinigung entfallen (die dann doch wieder auf Kundenwunsch aufgelegt werden?), bzw. ob die Anzahl Neuteile/Jahr ± x % größer oder kleiner ausfällt.

Dies bedeutet:

- Ähnlich wie Produkte, Betriebsmaterial, sowie Mitarbeiterqualifikation dem Wandel im Wettbewerb angepasst werden müssen, gilt es auch, die grundsätzliche Unternehmensausrichtung, sowie die interne Organisation den Veränderungen/Zwängen des Marktes anzupassen und
- Ein PPS-System verwaltet nur, wir brauchen aber Lösungen

Wodurch sich ergibt:

Vom CIM-Konzept zur schlanken Organisation in der Auftragsabwicklung und Produktion, Verringerung der Zielkonflikte im Regelkreis Kunde - Vertrieb - Fertigung durch Einsatz wirkungsvoller Beschaffungs- und Steuerungskonzepte (SCM - ERP - Systeme), und Einrichten einer Organisation von unten, also durch die Mitarbeiter selbst.

Verbesserung des EDV-/Softwareeinsatzes und Abbau eventuell vorhandener Organisationsmängel in Aufbau und Ablauforganisation im Unternehmen selbst, durch z.B. Teamarbeit, Saugsysteme etc.	**heute** **zukünftig** viele wenig —— Anzahl Organisationsmängel →

Einbinden der Lieferanten in die gesamte Logistik- und Produktionskette mittels SCM- / ERP- / Bauhaus- und Kanban-Systemen etc. Kunden und Lieferanten haben gegenseitig Zugriff auf die Bestands-, Bedarfs- und Auftragsfortschrittsdaten.	**heute** **zukünftig** wenig alle —— Anzahl Lieferanten, in die Logistikkette eingebunden →

Realisieren der neuen Aufgabe Kapazitäten schaffen, und nicht in PPS verwalten, durch bilden von externen Personal- und Maschinenpuffern auf die flexibel zurückgegriffen werden kann	**heute** **zukünftig** viele wenig —— Personal- und Maschinenengpässe →

Einrichten zukunftsweisender Arbeits- und Organisationsstrukturen, produkt- und teamorientiert zum Kunden mit schlüssigen Verantwortungen, prozessorientiert	**heute** **zukünftig** geringe Flexibilität hohe Flexibilität —— Mitarbeiterqualifikation →

Was bedeutet:

→ Zukauf (Nutzen der unbegrenzten Kapazität am Markt) und Verringerung der Fertigungstiefe

→ Schaffen von Personalpuffern, durch Einsatz von freiberuflichen Fachkräften (eventuell gezielt angelernt), die auf Rechnung arbeiten und fallweise, nach Bedarf, angefordert werden können.

→ Weniger Zulieferer je Teil. Vor allem teuere Teile kommen jetzt möglichst von einer Lieferantenadresse. Größere Mengen = größere Preisnachlässe!

→ Das Just-in-Time-Gedankengut muss besser genutzt werden, sogenannte Bauhausverfahren einrichten.

→ Wirkungsvolle Steuerungskonzepte, die gleichzeitig niedere Bestände garantieren, müssen eingesetzt werden (Kanban-Prinzipien).

→ Nach dem Hol-Prinzip werden bei jedem Fertigungsabschnitt die Teile erst bei Bedarf aus der Vorstufe abgezogen.

→ Teamarbeit einrichten mit prozessorientierten Abläufen und hoch flexiblen Mitarbeitern

Woraus sich folgende tabellarische Zielsetzung ergibt:

- Aktivierung menschlicher Potentiale.
  Nach unten verlagerte Verantwortungen und durchgängige Informationswege, vermeiden langwierige Entscheidungsprozesse und überflüssige Gemeinkosten

- Abkehr von der häufig viel zu feingliedrig aufgebauten Arbeitsteilung und Erhöhung der Zugriffs- und Kontaktnähe durch Abbau von Hierarchien, Erhöhung der Flexibilität

- Konzentration der Kräfte und Bewältigung der Komplexität durch Matrixorganisation und Aufteilung der Arbeitsbereiche nach Produktgruppen (ähnlich Spartenorganisation)

- Förderung des Unternehmergeistes durch Flexibilisierung und Vereinfachung der Abläufe durch mehr Transparenz und Jobrotation = Teambildung

- Klärung der EDV-Unterstützung / - Eignung auf die Organisationsform / - welche Unterstützung wird tatsächlich zur Lösung der Probleme geboten

- Änderung der Arbeitszeiteinteilung / Einrichten einer flexiblen Arbeitszeit mit Selbstabstimmung innerhalb der Gruppe, trennen der Maschinenlaufzeiten von der menschlichen Anwesenheitszeit

- Verbesserung der Weiterbildung, sowie schaffen von Anreizen durch Erfolgsplanung und Qualifizierungen

- PPS-aufbereitete Termine mittels Auftragsabwicklungszentren und nach Produktgruppen ausgerichtete Fertigungsteams, sowie einer zeitgemäßen Werkstattsteuerung und Organisationsformen, rationell - schnell - termintreu und flexibel durchsetzen

Siehe auch Abschnitt 2.1, Unterschiede – Traditionelle Arbeits- und Organisationsstrukturen = Taylorismus, zu zukunftsweisenden Arbeits- und Organisationsstrukturen, produkt- und teamorientiert zum Kunden.

2. Produktgruppenorientierte Auftragsabwicklungszentren und/ oder Produktions- / Führungsteams als Basisorganisation für einen schnellen Auftragsdurchlauf in einer durchlaufzeit-optimierten Just-in-Time-Fertigung

Unglücklich, in bezug auf einen schnellen Auftragsdurchlauf ist, wie bereits erwähnt, die in der Vergangenheit bevorzugte, abteilungsbezogene HORIZONTALE GLIEDERUNG mit ihren vielen Schnittstellen. Bildhaft als Ablagesystem **„Eingangskörbchen → Bearbeiten → Ablage in Ausgangskörbchen"** dargestellt, mit den damit verbundenen langen Liegezeiten und Einarbeitungszeiten. (Einlesen in einen Vorgang, ist wie Rüsten in der Fertigung zu sehen.)

Bild 2.1: *Herkömmliche, horizontale Organisationsform*

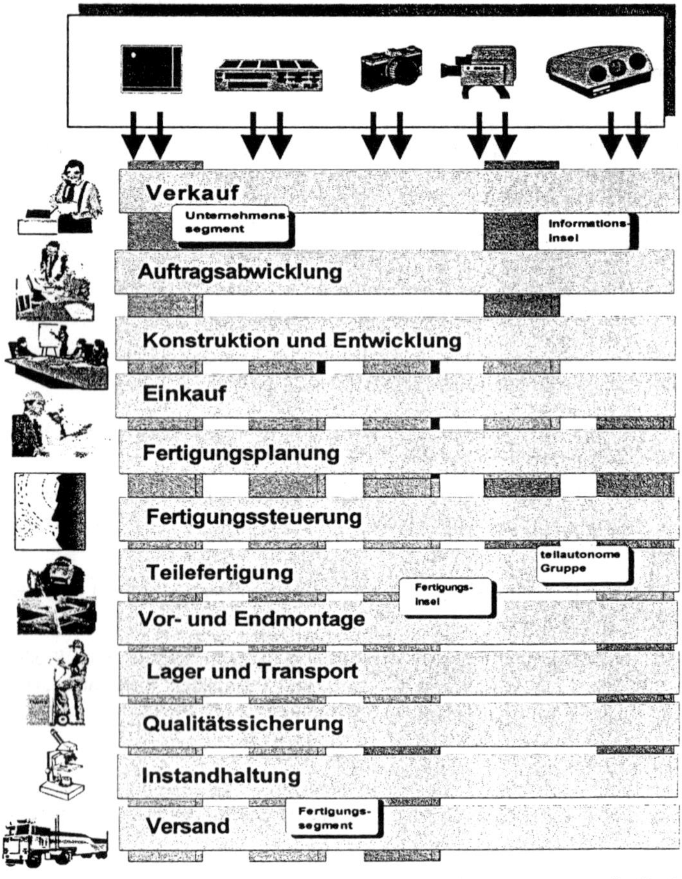

Quelle: Expert-Verlag, Fertigungsinseln, Verfasser: Müller

Neue, vertikale Organisationsformen für einen schnellen und effektiven Auftragsdurchlauf, sind gefordert, also

Bild 2.2: *Abkehr von der horizontalen Organisationsform hin zu vertikalen, in die Tiefe gegliederten Organisationsformen, die als überschaubare, flexible Einheiten, für bestimmte Produktgruppen, bzw. Kunden eigenverantwortlich tätig sind*

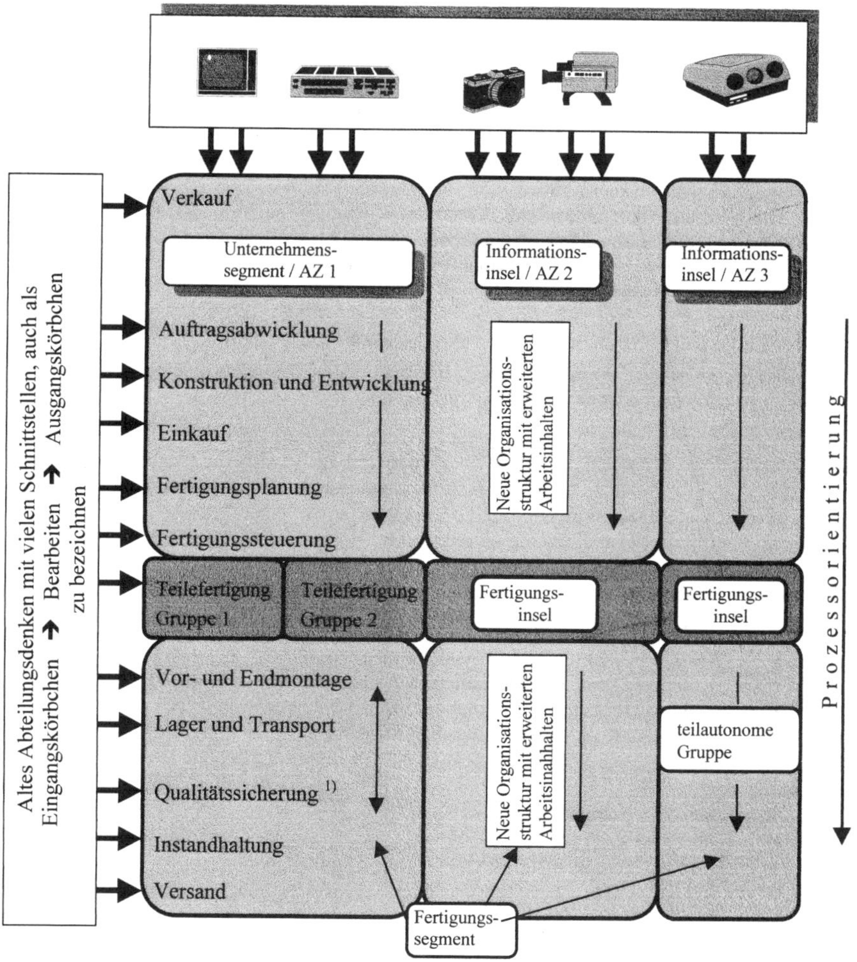

[1] Fertigungsqualitätssicherung

Besser bewährt, haben sich sogenannte VERTIKALE GLIEDERUNGEN in Form sogenannter Auftragsabwicklungszentren, bzw. Produktions- / Führungsteams, also in die Tiefe gegliederte, in sich schlüssige Verantwortungsbereiche, nach Sparten oder Produktgruppen, oder bei Zulieferfirmen nach Kundengruppen, geordnet.

A) Die Auftragsabwicklung / das Beschaffen wird z.B. in die Arbeitsvorbereitung integriert, oder die AV und das Beschaffen, sowie die Anpassungskonstruktion mit QS wird in die Fertigung integriert. Die Auftragsabwicklung bleibt im Vertrieb.

B) Die Vorfertigung wird in sogenannte flexible Fertigungszellen / -teams mit erweitertem Dispositionsspielraum und flexibler Arbeitszeit gegliedert, die in völliger Selbstverantwortung und Termintreue Teile von Rohwaren / Halbzeuglager bis Lagereingang an Teilelager herstellt. Teil verlässt Zelle erst, wenn MONTAGEFÄHIG und „fehlerlos" fertig!

C) Die Vor- und Endmontage incl. Kontrolle / Abnahme, gegebenenfalls Versand, wird in sogenannte nach Produktgruppen ausgerichtete Fertigungs- / Montagelinien / -gruppen ausgerichtet (Linienfertigung mit Arbeitspuffern), die ebenfalls in Selbstverantwortung 100 % Qualität erzeugen und termintreu ausliefern.

Die Produktions- und darüberliegenden Führungsteams sollen möglichst nach Produktgruppen und prozessorientiert ausgerichteten RÖHRENSYSTEME eingerichtet werden, die sich nach dem Kunden → Lieferantenprinzip selbst steuern.

Um dies zu erreichen, müssen im Unternehmen Teams und Organisationsformen mit umfassend ausgebildeten Mitarbeitern mit hohem Verantwortungsbewusstsein eingesetzt / geschaffen werden um in vertikalen Organisationsformen und mittels durchgängiger Informationssysteme eine absolute Kundenorientierung zu erreichen, sowie lange Entscheidungsprozesse / -wege und überflüssige Gemeinkosten zu vermeiden.

Insbesondere in bezug auf:

- Definition neuer Abläufe
- Dezentralisierung, bessere Kundenorientierung
- Kompetenz und Arbeitsinhalte neu festlegen
- Unterstützung durch Informationsaustausch
- schnellere Reaktion durch Kanban-Systeme

mit Bewertung im Hinblick auf

- lange Liegezeiten
- überflüssige Prozesse
- wertschöpfende, nicht wertschöpfende Tätigkeiten
- Fehlerquellen

Also Schaffung sogenannter

Auftragsabwicklungszentren = Informationsinseln in der Fertigung
Produktions- / Führungsteams = Fertigungsinseln / -segmente in der Fertigung

also in die Tiefe gegliederte, vertikal nach Produktgruppen [1)] ausgerichtete schlüssige Verantwortungsbereiche. Siehe nachfolgendes Schemabild

[1)] oder als Alternative „Schaffen sogenannter Eigenbetriebe", siehe Abschnitt 7.4. Ist aber aus der Erfahrung des Autors *nur die zweitbeste Lösung*.

Darstellung: *Regelung Kunden – Lieferantenbeziehung, teamorientiert nach Produktgruppen gegliedert von Kunde bis Fertigung - von Wareneingang bis Versand*

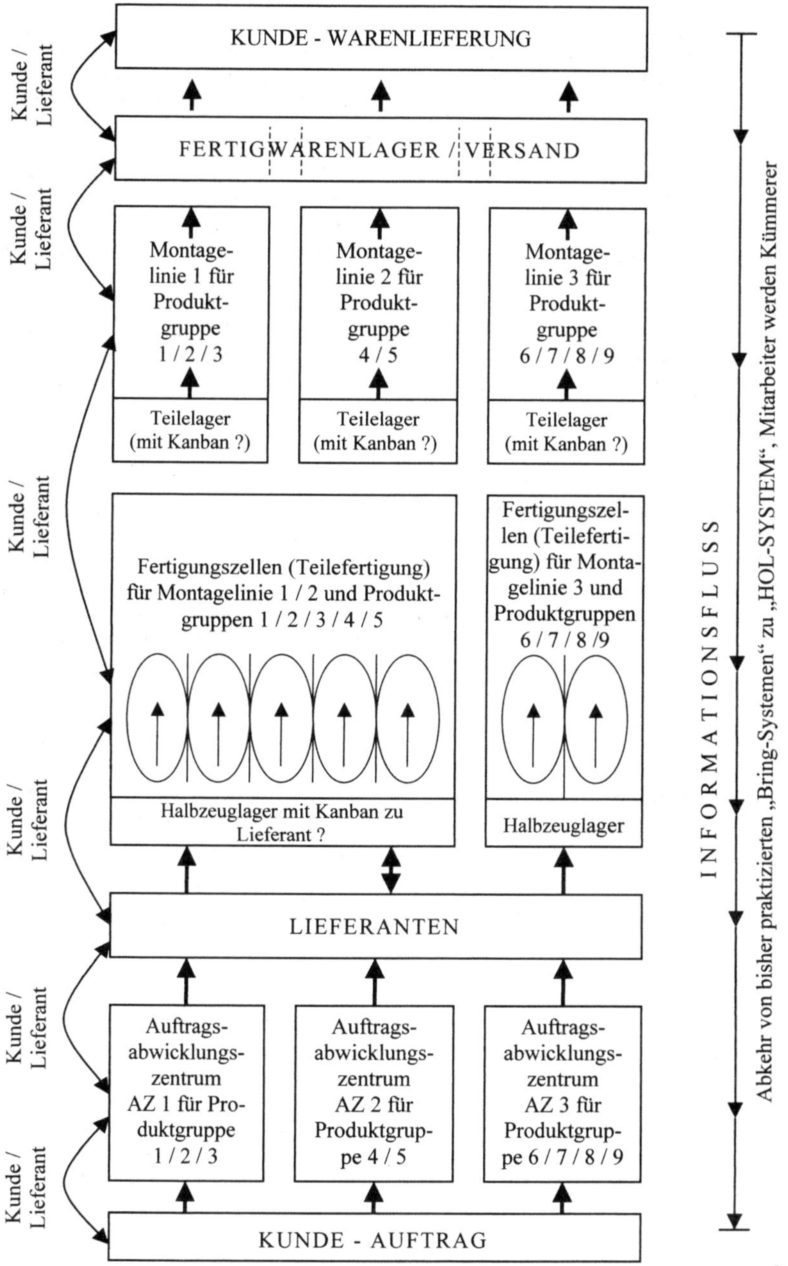

2.1 Unterschiede – Traditionelle Arbeits- und Organisationsstrukturen = Taylorismus, zu zukunftsweisenden Arbeits- und Organisationsstrukturen produkt- und teamorientiert zum Kunden

Traditionelle Arbeits- und Organisationsstrukturen Taylorismus	**Zukunftsweisende Arbeits- und Organisationsstrukturen produkt- und teamorientiert zum Kunden**
Arbeitsteilung	
- Einfache Arbeit, daher ausgeprägte Arbeitsteilung / Taylorismus / Spezialistentum - Geringe Arbeitsinhalte und Verantwortung der einzelnen Mitarbeiter - Zentralisierte EDV-gestützte Planungs- und Steuerungssysteme mit wenig Eigeninitiative der Mitarbeiter, die EDV ist an allem schuld; geringer Handlungsspielraum	- Qualifizierte Arbeit mit hoch qualifizierten Mitarbeitern, dadurch geringe Arbeitsteilung / wenig Schnittstellen - Große Arbeitsinhalte und in sich schlüssige Verantwortung - selbststeuernde Regelkreise - Abgespeckte EDV und Planungs- und Steuerungssysteme; viel Handlungs- und Entscheidungsspielraum durch sich selbst organisierende kleine Teams und Regelkreise
Kommunikations- und Informationsfluss	
- Kommunikationsprobleme, durch eine Vielzahl von Abteilungsgrenzen und Hierarchiestufen - Abteilungsbezogene Betrachtung der Informationen/der Informationssysteme, daher Schnittstellenprobleme in der Informationsübertragung mit teilweise falschen Entscheidungen - Gegenseitiges Abgrenzungs- / Konkurrenzverhalten, Misstrauen - Bürokratische Kontakte, Vernachlässigung der Kundenorientierung - Verzögerte Informationspolitik	- Hohe Kommunikationsqualität durch z.B. produktgruppenorientiert arbeitende Teams mit wenig Schnittstellen und Hierarchien - Integrierte/kundenorientierte Betrachtung der Informationen / der Informationssysteme und Abbau von Schnittstellen, verbesserter Informationsaustausch - Kunden- / Lieferantenpflege und -entwicklung, Vertrauen, Partnerschaften aufbauen - Transparente Spielregeln, Markt- und Kundennähe durch Entbürokratisierung - Intensiver Informationsaustausch
Arbeitsausführung	
- Arbeitsgang- / abteilungsorientiert mit Abläufen die über viele Abteilungsgrenzen und Hierarchiestufen hin und her wechseln - Starre sequentielle Arbeitsabläufe nach dem Verrichtungsprinzip - Wenig Transparenz und Flexibilität - Bringschuld, Prozesse werden auslastungsorientiert abgearbeitet mit hoher Bearbeitungszeit durch a) immer neuer Einarbeitungszeit b) nicht rechtzeitig vorhandene oder falsche Informationen	- Kunden- und produktorientiert über viele Arbeitsstufen, durchgängig mit schlüssigen Verantwortungen - Durch produkt- / kundenorientierte Verantwortungsbereiche erfolgen die Tätigkeiten parallel, ablauforientiert und dynamisch, daher hohe Flexibilität - Vermeidung wiederholender Tätigkeiten / Informationsbeschaffung durch die Transparenz des gesamten Ablaufprozesses - Holschuld, Prozesse sind ablauforientiert mit eindeutiger, schlüssiger Verantwortung

- Lange Durchlaufzeit, viele Eingangs- / Ausgangskörbchen - Hohe Einarbeitungszeiten (Rüstzeit) je Arbeitsgang - Qualitätskontrollen nach Liefereingang	- Wenig nicht wertschöpfende Tätigkeiten da allo notwendigen Informationen bekannt sind - Kurze Durchlaufzeiten, wenig Eingangs- / Ausgangskörbchen - Durchgehendes Qualitätsmanagement (TQM) über die gesamte Wertschöpfungskette
Arbeitsaufwand	
- Minimal je Arbeitsgang / Tätigkeitsart - Schlechtes Verhältnis von Durchlaufzeit zur Arbeitszeit, da zu große Liegezeiten (z.B. durch Bringschuld) Eingangs- / Ausgangskörbchen - Viele Entscheidungspunkte / -träger, daher hoher Zeitaufwand und große Fehlerwahrscheinlichkeit in bezug auf Kundenerwartung - Entscheidungen in Form von Einzeloptimas	- Minimal je Auftrag da hohe wertschöpfende Tätigkeiten mit wenig Leerlauf - Verringerung der Liegezeiten durch Holschuld und wenig Schnittstellen - Aufbau von kleinen, schnell reagierenden Regelkreisen (= Arbeitsgruppen) mit hoher Eigenverantwortung und Entscheidungsfreiraum
Arbeitsstrukturen	
- Verselbständigung von Dienstleistungskostenstellen, wie z.B. Werkzeug-/ Qualitäts-/Instandhaltungswesen/EDV mit hohen organisatorischen Reibungsverlusten	- Dienstleister werden in die Fertigungszelle integriert, daher Wegfall von nicht wertschöpfenden Tätigkeiten, höhere Produktivität mit eindeutigen Verantwortungen. - Wenig organisatorische Reibungsverluste, da sich die Gruppe selbst organisiert
Erzeugt in der Organisation / bei den Menschen	
BRINGSYSTEM = **VERWALTER**	**HOLSYSTEM** = **KÜMMERN**

Quelle: *Professor Dr.-Ing. Dr.-Ing. E.h. H.K. Tönshoff / Diplomarbeit cand. mach. Parag Shah, Universität Hannover*

2.2 Organisationsänderungen für einen schnellen und flexiblen Auftragsdurchlauf nach Produktgruppen gegliedert

Für die Unternehmensstruktur ergeben sich somit folgende Änderungen / Umstrukturierungen in Aufbau- und Ablauforganisation

Bild 2.3: *Schemadarstellung Organisationsänderungen*

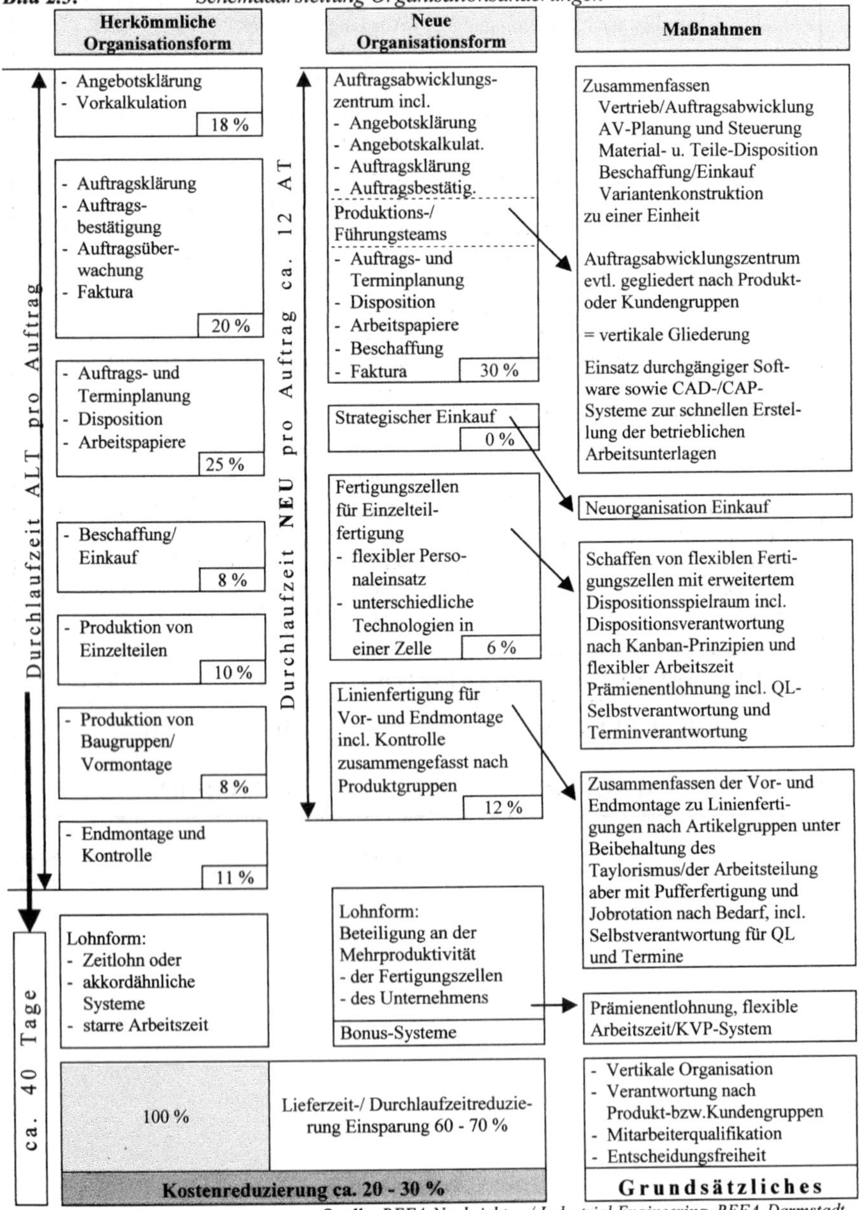

Quelle: *REFA-Nachrichten / Industrial Engineering, REFA-Darmstadt*

Was können Sie von der Gruppenarbeit / Teamarbeit über die ganze Firma hinweg erwarten ?

- Geistige Mauern zwischen den Abteilungen und lange Durchlaufzeiten werden abgebaut
- Gemeinsame Zielfindung, Problemlösung in der Gruppe und Eigenverantwortung bei der Arbeitsplanung und Einteilung, ergeben kurze Entwicklungs- und Reaktionszeiten und Wirtschaftlichkeit durch Teamarbeit
- Produktorientierte Teams
- Gruppenstruktur, keine Abteilungsgrenzen
- Kurze Informationswege
- Kurze Durchlaufzeiten

Ein Schritt nach vorne / Vorsprung gegenüber der Konkurrenz

- Schnelle, konsequente und wirtschaftliche Erfüllung von Kundenwünschen
- Kompetente Beratung und Problemlösung durch Spezialisierung in Produktgruppen
- Gesicherte Produktqualität durch Eigenverantwortung der am Prozess beteiligten Personen
- Kurze Reaktionszeiten, schnelle Angebotsbearbeitung und Projektausarbeitung
- Kurze Lieferzeiten bei Sonderanfertigungen
- Hohe Lieferfähigkeit durch schnellen Durchlauf der Betriebsaufträge
- Zuverlässige Umsetzung der Kundenanforderungen und -vorgaben

denn:

1 Anstelle von Abteilungen übernehmen produktorientierte Teams die Verantwortung für eine ganze Produktgruppe bzw. für eine Prozesskette

2 In diesen Teams werden alle Artikel einer Produktgruppe, soweit möglich, komplett hergestellt, entwickelt und verkauft

3 Dies bedingt die Ablösung der starren Hierarchien durch Gruppenarbeit, jede Gruppe wählt ihren Gruppenleiter selbst.

4 Es genügt nicht eine Gruppenorganisation in der Fertigung, auch die Entwicklung, die Konstruktion, die Arbeitsplanung und der Verkauf werden in die Gruppen integriert.

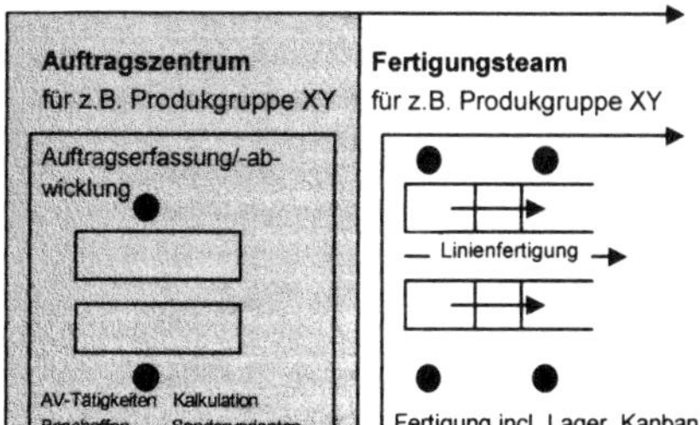

3. Wie kann ein Team / ein Auftragsabwicklungszentrum, eingebettet in eine nach Produktgruppen orientierte Fertigungsorganisation, aussehen

Wie zuvor bereits schematisch dargestellt, bedeutet dies, dass ähnlich wie Produkte, Technologien im Wandel der Zeit dem Wettbewerb angepasst werden müssen, auch die interne Organisation produkt- und kundenorientierter ausgerichtet werden muss.

Im Detail bedeutet dies, dass die heutigen Abteilungen / Organisationsbereich

- Auftragsabwicklung
- Anpassungs- / Variantenkonstruktion (CAD)
- Stammdaten festlegen
- Fertigungsplanung / Kalkulation
- Arbeitsvorbereitung / Disposition
- Einkauf / Beschaffen
- Fertigungssteuerung

in ihrer alten Form aufgelöst werden und die verschiedenen Mitarbeiter dieser Abteilungen, nach Produktgruppen geordnet, in ein jeweils separates Büro mit dem Titel **„Auftragsabwicklungszentrum für Produktgruppe XY"**, mit einem schlüssigen Verantwortungsbereich, von Auftragseingang bis Versand, zusammengefasst werden.

So dass alle Funktionen für ein selbständiges Arbeiten von Angebotsabgabe / Kalkulation, Auftragseingang, Arbeitspapiere, Variantenanpassung, Auftragsabwicklung, Disposition, Beschaffen und Fertigungssteuerung / Durchsetzen der Aufträge im Betrieb, für eine bestimmte Produktgruppe komplett von einem Personenkreis, bestehend aus zwei bis vier Mitarbeitern, durchgeführt werden können.

Diese vertikale Gliederung kann in verschiedenen Ausprägungen, siehe nachfolgende Darstellung, eingerichtet werden und erfordert ein völlig neues Denken, insbesondere das Teamdenken, das am besten dadurch gefördert wird, dass die Mitarbeiter als Team örtlich, in einem Raum, zu einem Auftragsabwicklungszentrum / Führungs- / Produktionsteam zusammengefasst werden.

Bild 3.1:

Beispiel A - Einordnen von Auftragsabwicklungszentren in die Unternehmensorganisation

Voraussetzung: Gesamtorganisation kann nach Produktgruppen gegliedert werden

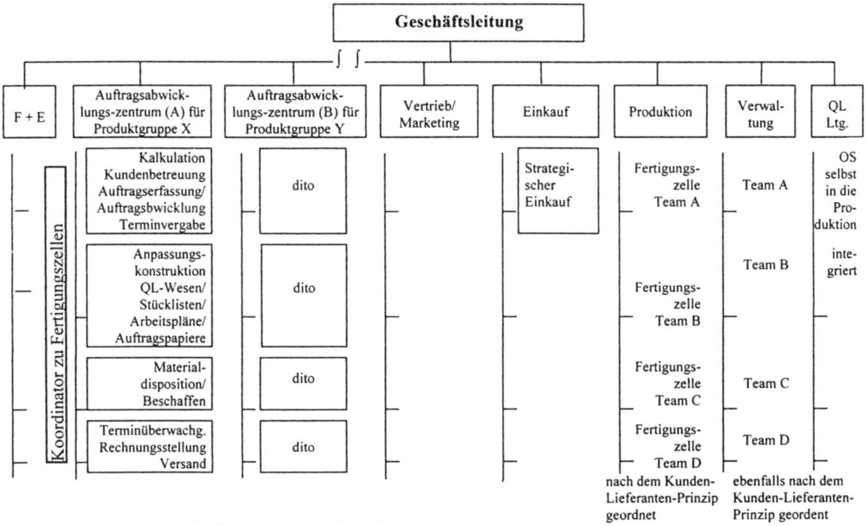

In das Auftragsabwicklungszentrum integrierte Funktionen

Hauptfunktionen / Integriert	Ja	Nein
Vertrieb		
Marktforschung		X
Marketingstrategien		X
Absatzplanung		X
Programmplanung	X	(X)
Absatzüberwachung	X	(X)
Auftragsannahme/Auftragsklärung	X	
Fakturierung	X	
Versandauslösung	X	
Bestandsüberwachung Fertigwarenlager	X	
Kundenbetreuung	X	(X)
Außendienstbetreuung		X
Entwicklung		
Anpassungskonstruktion	X	
Variantenbildung	X	
Neuentwicklung/Innovation		X
Einkauf		
Lieferantenauswahl		X
Lieferantenbewertung		X
Rahmenverträge		X
Lieferkonditionen		X
Beschaffen		
Disposition	X	
Materialbeschaffung	X	
Bestell-/Terminüberwachung	X	
Abrufe aus Rahmenverträgen verwalten	X	
Lagerbestandsüberwachung	X	
Verfügbarkeitsprüfung/Auftragsterminierung	X	
Kanban Bestände	X	
Produktion		
Arbeitspläne	X	
Produktionsplanung	X	(X)
Kapazitätswirtschaft	X	
Feinsteuerung	X	(X)
Terminüberwachung	X	(X)
K V P	X	

Bild 3.2:

Oder als Alternative, wenn aus Vertriebsgründen so nicht möglich

Beispiel B - Einordnen von Produktions- und Führungsteams, nach Produktgruppen gegliedert, in die Unternehmensorganisation

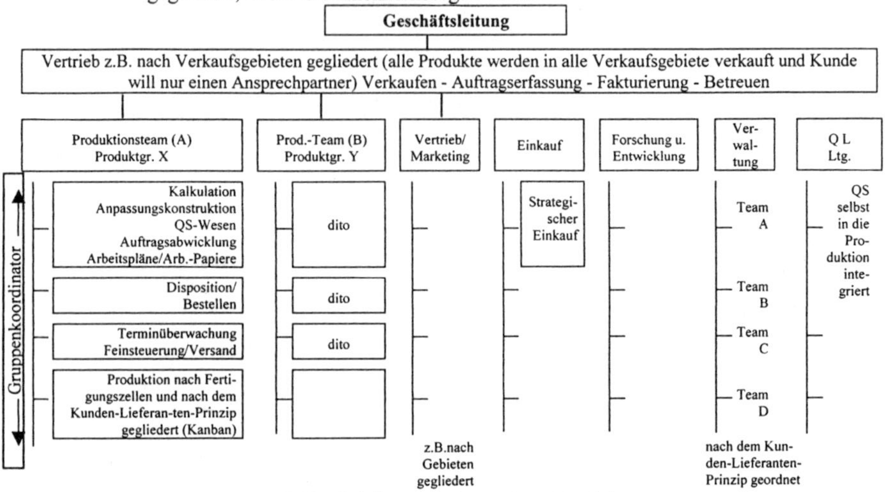

In Produktionsteam integrierte Funktionen:

Hauptfunktionen / Integriert	Ja	Nein
Vertrieb		
Marktforschung		X
Marketingstrategien		X
Absatzplanung		X
Programmplanung		X
Absatzüberwachung		X
Auftragsannahme/Auftragsklärung		X
Fakturierung		X
Versandauslösung	X	
Bestandsüberwachung/Fertigwarenlager	X	
Kundenbetreuung	X	(X)
Außendienstbetreuung		X
Entwicklung		
Anpassungskonstruktion	X	
Variantenbildung	X	
Neuentwicklung/Innovation		X
Einkauf		
Lieferantenauswahl		X
Lieferantenbewertung		X
Rahmenverträge		X
Lieferkonditionen		X
Beschaffen		
Disposition	X	
Materialbeschaffung	X	
Bestell-/Terminüberwachung	X	
Abrufe aus Rahmenverträgen verwalten	X	
Lagerbestandsüberwachung	X	
Verfügbarkeitsprüfung	X	
Kanban-Bestände	X	
Produktion		
Arbeitspläne	X	
Produktionsplanung	X	
Auftragsterminierung/Kapazitätswirtschaft	X	
Feinsteuerung	X	(X)
Terminüberwachung	X	
Werkstattsteuerung	X	
K V P	X	

Wobei im **Beispiel A** Vertrieb - Innendienst, also die eigentliche Auftragserfassung und Kundenbetreuung, in das AZ [1] integriert, der örtliche Sitz der einzelnen Gruppen / Zimmer im Büro / Verwaltungstrakt bleibt.

Im Fall **Beispiel B** Vertrieb – Innendienst kann aus Gründen

- Sprachen (weltweiter Verkauf)
- ein Kunde kauft die verschiedensten Produkte aus dem Angebot des Unternehmens mittels eines Auftrages (ein Kunde will nur einen Ansprechpartner haben)

nicht in das AZ integriert werden, dann beginnt das nach Produktgruppen ausgerichtete AZ erst eine Ebene darunter, wobei das AZ dann örtlich direkt in die Fertigung verlagert werden kann, so dass der jeweilige Meister / verantwortliche Gruppenleiter für das entsprechende Fertigungsrohr in das AZ mit eingebunden wird. Siehe beispielhafte Darstellung nachfolgend.

Beschreibung des Führungsteams im AZ

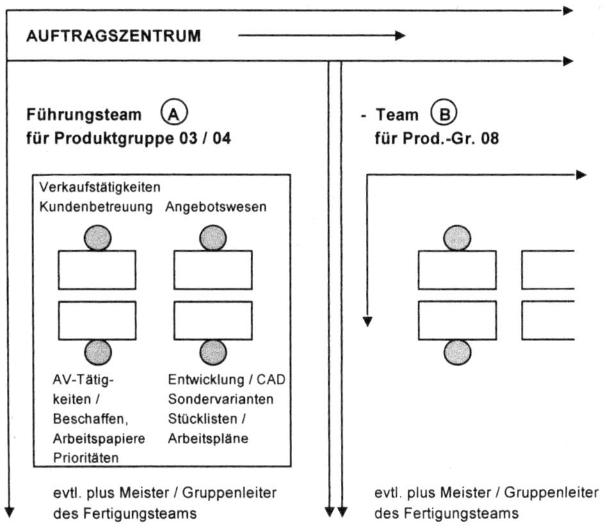

Hinweis / Ziel:

Durch eine sogenannte Pärchenbildung und Jobrotation (im Rahmen des Möglichen) werden alle Teammitglieder schrittweise so ausgebildet, dass sie weitestgehend alle notwendigen Tätigkeiten für eine komplette Auftragsabwicklung beherrschen. Jeder kann jede Arbeit [2] machen, jeder kann jeden vertreten.

Ziel: Ein Kunde hat einen Ansprechpartner, bleibt erhalten.

[1] AZ = Auftragsabwicklungszentrum
[2] für bestimmte Arbeiten wird es immer einen Spezialisten geben

Beschreibung des Führungsteams A im AZ[1] für Produktgruppe 03 / 04

	Tätigkeiten	Anzahl Mitarbeiter
I	**Verkaufstätigkeiten**	
1.	Verkauf, Kundenberatung, Faktura	2
2.	Entwicklung/Konstruktion	1 (2.–7.)
3.	Angebotskalkulationen von Sondervarianten	
4.	Terminwesen	
5.	Erstellen von Stücklisten	
6.	Erstellen von Arbeitsplänen	
7.	Erstellen von CAD-Zeichnungen	
II	**AV-Tätigkeiten**	
8.	Disposition/Beschaffen	1 (8.–12.)
9.	Erstellen Arbeitspapiere	
10.	Erstellen Produktionsplan	
11.	Festlegen Prioritäten	
12.	Koordination mit zust. Fertigungszellen für optim. Feinsteuerung	

III Sonstiges

Die Teammitglieder werden zusätzlich in Sparten ausgebildet. Sie regeln den gesamten Urlaubs-/Krankenstand etc. in Eigenverantwortung. Sie setzen sich Ziele wie z.B.
- wöchentlicher Umsatz mit Kunden
- wöchentlicher Umsatz zu Fertigungsteams
- Angebote müssen innerhalb 3 Tage bei Kunde sein
- Aufträge müssen innerhalb 2 Tage in Fertigung sein
- Standardprodukte innerhalb 24 Std. beim Kunden

etc.

[1] AZ = Auftragszentrum

Wobei es natürlich ideal wäre, wenn auch gleichzeitig die Fertigung in entsprechende Fertigungszellen / Fertigungslinien ausgerichtet werden könnte. Also zur Minimierung des Steuerungsaufwandes sogenannte Fertigungsrohre von der Teilefertigung bis zur Montage eingerichtet werden könnten.

Fertigungsrohr bedeutet:

> An das entsprechende Auftragsabwicklungszentrum AZ für Produktgruppe 03 / 04 sind ein oder mehrere Fertigungszellen bzw. Montagelinien gebildet, die als selbständige Einheit die Produkte 03 / 04 in Abstimmung mit dem AZ herstellen.

Darstellung: *Einsparung von Tätigkeiten und Durchlaufzeiten bei einem Getriebehersteller*

ALTE ORGANISATIONSFORM

Schemadarstellung
Organisationsablauf A L T

Wer macht was		Tätigkeiten für alle Produktgruppen gemeinsam	Durchlaufzeit	
Abtlg. A	Pers. 1	Auftragserfassung	Durch-lauf-zeit ca. 7 - 8 Tage	**DLZ für Kunde ca. 12 - 18 Tage A L T bei Seri-enpro-dukten**
	Pers. 2	Festlegen der techn. Auslegung der Variante (Stückliste)		
	Pers. 3	CAD-Teile-Zeichnung (Teile-Nr. vergeben)		
	Pers. 4	Kontrolle durch techn. Vertrieb		
	Pers. 5	Festlegen der Teile-Stammdaten		
Abtlg. C	Pers. 6	Disposition Sonderteil und Terminvergabe		
Abtlg. A	Pers. 1	Auftragsbestätigung an Kunde		
Abtlg. B	Pers. 7	Dispo Serienteile, Erstellen Betriebsauftrag	DLZ ca. 2 - 5 AT	
Abtlg. D	Pers. 8	Dispo Kaufteile und Einkauf Kaufteile		
	Pers. 9	Dispo Halbzeug und Einkauf Halbzeug		
Meister E	Pers. 10	Lager und Bereitstellung (Teilelager)	DLZ ca. 3 – 5 AT	
Meister F	Pers. 11	Vor- und Endmontage, Funktionskontrolle		
Meister G	Pers. 12	Versand		
		Zusatztätigkeiten / -durchlaufzeiten bei Sonderteilen		
Abtlg. C	Pers. 6	Erstellen Betriebsaufträge Sonderteile	Durch-laufzeit Ø 20 AT Streu-ung 7 – 40 Tage	**DLZ 20 bis 50 Tage A L T bei Son-derva-rianten**
Teilefertigung gegliedert nach Verrichtungsprinzip		Teile - Fertigung Abteilung 1		
		Teile - Fertigung Abteilung 2		
		Teile - Fertigung Abteilung 3		
		Teile - Fertigung Abteilung 4		
		Lager und Bereitstellung (Teilelager)		

NEUE ORGANISATIONSFORM

Schemadarstellung
Organisationsablauf N E U

Ein Auftragsabwicklungszentrum, besetzt mit 3 Personen für Produktgruppe R / S / A / W, eine Person bearbeitet einen Auftrag durchgängig von Auftragserfassung, bis Einsteuern in Fertigung				1 AZ besetzt mit 4 Pers. für Produktgruppe L / M / N / O / X
Auftragserfassung Festlegen der Variantenausführung über festgelegteRegeln (Variantenstücklisten) CAD-Zeichnung und Teile-Nr. incl. Teilestammdaten Dispo Sonderteile und alle Vorratsteile (Kauf- und Fertigungsteile / Halbzeug) Terminfestlegung nach vorgegebenen Regeln - z.B. Vorzugsvarianten 5 AT Liefertermin - z.B. Sondervariante, Material vorhanden 15 AT Liefert. - z.B. Sondervariante, Material muss beschafft werden, 30 AT Liefertermin	Standard-Varianten 1 AT DLZ Sonder-varianten incl. CAD 2 AT	1 - 2 AT DLZ	**DLZ für Kunde ca. 2 – 4 Tage NEU bei Serienprodukten**	Auftragserfassung — — — — — dito — neben- — stehend — — — — —
Lager und Montage nach Linienfertigung und Kanban organisiert, für Produktgruppe R/S/A/W				dito Lager und Montage
Variantenfertigung und Montage incl. Versand, sowie Lager und Bereitstellung Zwischenlager und Teile-Lager, Produktgruppe R / S / A / W		1 - 2 AT		— — —
Teilefertigung nach Segmenten gegliedert, für Produktgruppe R / S / A / W				dito
Produktion (Zerspanung) Segment A „Teilefertigung“ für Produkte R S A W bis zum Zwischenlager montagefähige Einzelteile	DLZ je nach Anzahl Arbeitsgänge (incl. Fremdbearbeitung)	plus 5 - 20 AT DLZ bei Sondervarianten	DLZ 7 bis 20 Tage NEU bei Sondervarianten	Produktion (Zerspanung) Segment B Teilefertigung für Produkte L — M — N — O — X

Einsparung Durchlaufzeit bei Firma xxx
durch neue Organisationsform
ca. 10 - 20 Tage = ca. 60 – 70 %

Kosteneinsparung durch Abbau von „nicht wertschöpfenden Tätigkeiten“, ca. 20 - 25 %

Die Darstellung von prozessorientierten Abläufen kann als neuer Ansatz verstanden werden, die Kostentransparenz in den indirekten Leistungsbereichen zu erhöhen, einen effizienten Ressourcenverbrauch sicherzustellen, Blindleistungen zu vermeiden und mittels Kennzahlen die Kapazitätsauslastung in Dienstleistungsbereichen aufzuzeigen, bzw. überflüssige Prozesse, sowie nicht wertschöpfende Tätigkeiten abzubauen, also die Personalauslastung / Personalplanung zu verbessern, oder anders ausgedrückt, überhaupt entsprechende Kennzahlen für qualifizierte Entscheidungen zu bekommen.

Sowohl in Industrie- als auch in Handels- und Dienstleistungsunternehmen wird somit mehr und mehr in prozessorientierten Abläufen gedacht, gehandelt und kalkuliert.

Automatisch wird durch das Schaffen von einfachen, logischen, prozessorientierten Abläufen die Flexibilität und Kundenorientierung erhöht, die Durchlaufzeit verkürzt und was besonders wichtig ist, durch *nicht mehr, sondern anders arbeiten*, die Wertschöpfung optimiert und die Qualität der Arbeit wesentlich verbessert.

Bild 4.1: *Darstellung der Arbeitsprozesse / Geschäftsvorgänge bei steigender Variantenvielfalt*

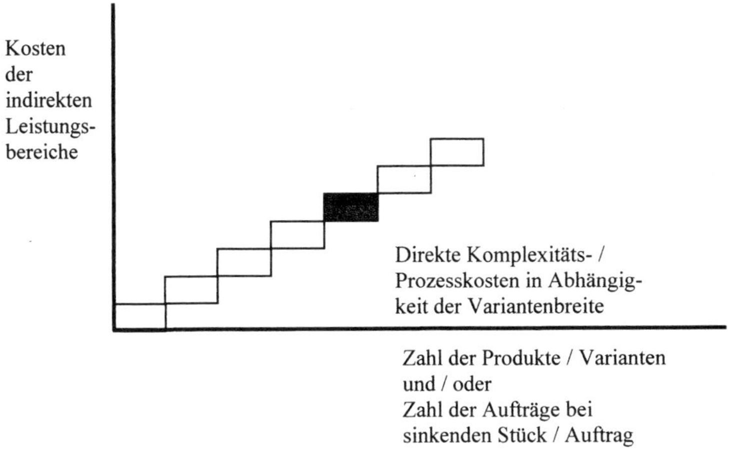

Quelle: *Prof. Dr. K.H. Rau*

Aus Bild 4.1 „Darstellung der Arbeitsprozesse / Geschäftsvorgänge bei steigender Variantenvielfalt“, in Verbindung mit Bild 1.2 „Warteschlangenproblematik bei steigender Teil- / Variantenvielfalt“ (Abschnitt Pkt. 1), wird ersichtlich, dass bei steigender Teile- / Variantenvielfalt die Gemeinkosten permanent steigen und die Flexibilität immer mehr verloren geht.

Um einen schnellen Auftragsdurchlauf zu erreichen, und um Kosten zu sparen, die durch das viele Lesen und neu in die Hände nehmen entstehen, ist es unbedingt erforderlich, mittels

⇨ Ablaufuntersuchungen (wer macht wann, wie, was, zu welchem Zweck)
und
⇨ Prozesskostenrechnung (wie teuer ist z.B. eine Auftragsabwicklung / ein Wareneingang etc.)

zu ermitteln, ob die Abläufe, die Tätigkeiten bezüglich der gesetzten Ziele, wie im Sport: *„höher – schneller – weiter“*, noch passen, oder ob durch *„nicht schneller, sondern anders arbeiten“*

⇨ viel Zeit im Durchlauf
und
⇨ viele unnötige Kosten

gespart werden können, die durch Doppelarbeit und sogenannte Blindleistungen entstehen

Es muss also die Frage gestellt werden:

Machen wir heute, bei einer ständig steigenden Auftragseingangszahl, mit immer kleiner werdenden Losen (treibt die Anzahl Geschäftsvorgänge in allen fertigungsnahen Dienstleistungskostenstellen permanent nach oben), unsere Arbeit noch richtig, oder müssen wir uns einfachere und effektivere Abläufe einfallen lassen, bei gleichzeitig optimaler Nutzung der EDV

Siehe nachfolgende Schemadarstellung „Auftragsdurchlauf – Istzustand“

AUFTRAGSABLAUF - ISTZUSTAND

1	Anzahl	Abteilung →	U-LTG	FIBU	Vertrieb	Vertrieb	Vertrieb	Vertrieb	Vertrieb	Vertrieb	Vertrieb	Vertrieb	Versand	Versand	Vertrieb	Vertrieb	Vertrieb	Betriebsbüro	Betriebsbüro	Betriebsbüro	Betriebsbüro	Kalkulation	Einkauf	Betriebsbüro	Betriebsbüro	Kartei	Qual.-Sicherung
2	Vorgänge	Personen →	Schmauser	Walter	Schwarz	Möbus	Schönberger	Sengling	Bloß	Müller	Statkus	Häberlein	Wojatschek	Müller	Crespo	Rössler	Unida	Hautmann	Hübner	Babucke	Crespo M.	Wolkersdorfer	Ladewig	Oberndörfer	Lotter	Werner	Huber
3		*Arbeitsgänge*																									
4	1	Eingang Kd.-Bestellung							●																		
5	2	Falls Art.-Nr. vorhanden z. Auftr.-Erf.							●																		
6	3	Falls beide nicht übereinstimmen,							●																		
7		evtl. Kundenrücksprache																									
8	4	Bei Neukunden Auskunft von		●					●																		
9		Creditreform anfordern																									
10	5	Artikel-Stammblatt zum Vorg.							●																		
11	6	Neukunden im ASS-Progr. anlegen							●																		
12	7	Neukd. im FERTAS-Progr. anlegen							●																		
13	8	Auftragskopf erfassen							●																		
14	9	Kompl. Vorgang Abt. 314 mit																								●	
15		Karteikarte zurück							●																		
16	10	kompl. Vorgang in Betriebsb.																		●							
17	11	von BB zurück, Art..-Nr. anlegen							●																		
18	12	Auftrag im ASS-Progr. erfassen							●																		
19	13	Auftrag im FERTAS-Progr. erfassen							●																		
20	14	Auf Art.-Stammbl. alle Daten anlegen							●																		
21	15	AB + Com.-Zettel ausdrucken							●																		
22	16	AB zur Kontrolle										●															
23	17	Com.-Zettel weitergeben							●																	●	
24	18	AB zur Unterschrift			●																						
25	19	AB per Fax							●																		
26		AB per Post							●						●												
27	20	Kompl. Vorgang in Auftragstrog							●																		
28	21	Zeichnungen in die Sammelmappe							●																		
29	22	Art.-Stammblatt in Ordner							●																		

4		Bei Terminreklamation d. Kunden			●																						
5		Kundenrekl. direkt oder mit AB-Kopie																	●								
6		zur Terminverfolgung																						●			
7		Mitteilung an Kunde							●																		
8		Termin auf Kalender vermerken							●																		
9		Termine nachfassen							●																		
10		Bei Versand: Com.-Zettel in Packr.																								●	
11		Bei Teillieferung evtl. Kd.-Rückspr.							●																		
12		Auftrag + Com.-Zettel in Versand											●														
13		Nach Versand wird aussortiert, ob																									
14		nachfassen oder Ablage erfolgt							●																		
15																											
16																											
17																											

Beschreibung der Symbolik:

● = Tätigkeit, die in Minuten Zeitaufwand gemessen werden kann

> = Vorgang geht in andere Hände, Kollege in gleicher oder anderer Abteilung erledigt nächsten Arbeitsgang / Geschäftsvorgang.
Kollege muss sich neu in Vorgang einlesen und Vorgang bleibt zuerst liegen, da diese Schnittstellen mit den Worten Eingangskörbchen ➔ Ausgangskörbchen bezeichnet werden können.

Daraus wird sichtbar:

Durch je mehr Hände ein Vorgang geht

- um so teurer wird der Vorgang
  (Einlesen beträgt ca. 25 % der gesamten Tätigkeitszeit für Vorgang bearbeiten)

- um so länger werden die Durchlaufzeiten

und

- je weiter der Sachbearbeiter im Ablauf vom Kunde weg ist, entstehen immer mehr Einzeloptimas in den Abteilungen, was bedeutet, die Mitarbeiter erledigen im Regelfalle zuerst die Arbeit, die für sie wichtig ist, oder für ihre Vorgesetzten wichtig scheinen, was aber nicht in jedem Falle mit dem Kundenziel übereinstimmen muss (Beispielhafte Bemerkung: Das kann mal warten!)

Sofern die Tätigkeiten mit Aufwandsminuten und Kostensätzen pro Minute oder Stunde versehen werden, können auf einfache Weise die Kosten von einzelnen Geschäftsvorgängen ermittelt werden. Siehe nachfolgendes Beispiel eines Auftragsablaufes, wobei es sich bewährt hat, die Aufwandsminuten nicht als Durchschnittswerte, sondern als Min./Max. – Werte einzusetzen. Es werden so unterschiedliche Einschätzungen von Schwierigkeitsgraden aufgefangen.

Die Durchlaufzeit selbst kann mittels Auftragsbegleitkarten oder in der EDV hinterlegten Zeit- und Tagewerktabellen ermittelt werden.

Darstellung: Arbeitsprozesse eines Auftragsablaufes für Standardartikel, also ohne neue Stückliste, neue Arbeitspläne erstellen etc.

Phase 1 - Vertriebstätigkeiten

	Abteilung		VTI			
	Person	HS	WS	MB	**Zeit** Std:Min	
Pos	**Arbeitsgänge**				**min**	**max**
1	Eingang der Bestellung	◆			00:01	00:01
2	Bestellung notieren / lesen	◆			00:01	00:03
3	Id. Nr. herausfinden		◆		00:01	00:03
4	Id. Nr. anbringen		◆		00:01	00:01
5	Kd.-Nr. anbringen			◆		
6	Lieferbarkeit prüfen			◆		
7	Preis prüfen		◆	◆		
8	bei Kampfpreisen	◆	◆			
9	Korrigieren, wenn nötig	◆	◆		00:02	00:15
10	Kurz lesen			◆		
11	Fragen an Sachbearbeiter			◆		
12	Prüfen der Frage		◆			
13	Antwort		◆			
14	In AS/400 eingeben:			◆		
15	Kd.-Nr. eintragen			◆		
16	Lieferadresse prüfen			◆		
17	Kd.-Bestellnr. eintragen			◆		
18	Auftragsnr. anbringen			◆	00:05	00:10
19	Id. Nr., Menge eintragen			◆		
20	Auftrag ablegen			◆		
21	Bestätigung drucken			◆		
22	Bestätigung kuvertieren			◆	00:03	00:03
23	Bestätigung frankieren			◆		
Durchlaufzeit im Ø (Tage):			**01 – 02**		**00:14**	**00:36**

Phase 2 – Dispo und Fertigungssteuerung

	Abteilung		VTI		PS		
	Person	HS	WS	MB	NM	**Zeit** Std:Min	
Pos	**Arbeitsgänge**					**min**	**max**
24	Fehlerliste „Teile nicht da“					automatsich	
25	Artikel prüfen				◆	00:02	00:10
26	Termin ändern				◆	00:01	00:03
27	Artikel freigeben				◆	00:01	00:02
28	System macht weiter					automatisch	
Durchlaufzeit im Ø (Tage):			**01 - 02**			**00:04**	**00.15**

Phase 3 – Fertigung / Montage

	Abteilung		VTI		PS	FERT.		Lager					
	Person	HS	WS	MB	BB	MW	XY	PS	HW			**Zeit** Std:Min	
Pos	**Arbeitsgänge**											**min**	**max**
29	Aufträge verteilen				◆							00:01	00:05
30	Werkzeug einstellen					◆						00:03	00:06
31	Auftrag lesen						◆					00:01	00:02
32	Einzelne Gänge bearbeiten						◆					00:05	01:30
33	Auftrag abmelden						◆					00:03	00:03
34	Ware in das Lager							◆				00:02	00:05
35	Ware zubuchen								◆			00:01	00:03
Durchlaufzeit im Ø (Tage):			**10 – 15**									**00:16**	**01:54**

Phase 4 – Lager / Kommissionieren / Versand

	Abteilung		VTI		Lager / Versand								
	Person	HS	WS	MB	HK	SS						**Zeit** Std:Min	
Pos	**Arbeitsgänge**											**min**	**max**
	Abrufen National				◆							00:01	00:05
	Auftrag sichtbar				◆							00:01	00:02
	Auftrag anwählen				◆							00:01	00:02
	Kommissionieren				◆							00:10	01:00
	Im System rückmelden				◆							00:01	00:05
	Verpacken					◆						00:05	00:30
	Lieferschein dazu packen					◆						00:01	00:02
	Packliste dazu packen					◆						00:01	00:02
	In das Gitter verladen					◆						00:01	00:03
	Ladeliste abrufen (TOF)					◆						00:15	00:30
	Kontrollieren					◆						00:05	00:20
	In den LKW verladen					◆						00:05	00:10
Durchlaufzeit im Ø (Tage):			**01 – 02**									**00:47**	**02:51**

Zusammenstellung der Phasen 1 - 4

Durchlaufzeit Gesamt (mit Fertigung) im Ø:	**13 – 21 Tage**
Durchlaufzeit Gesamt (ohne Fertigung) im Ø:	**3 – 6 Tage (Lagerware)**
Gesamtzeitaufwand in Stunden (mit Fertigung):	**0,81 – 4,56 gesamt**
Gesamtzeitaufwand in Stunden (ohne Fertigung):	**0,65 – 3,02**

A) Gesamt – Zeitbedarfsrechnung:

1.	Anzahl Aufträge/Woche von Kunden an Vertrieb	1.057 Stück
2.	Anzahl Positionen je Auftrag	4 Stück
3.	Ø Bearbeitungszeit je Position innerhalb Vertrieb	14-36 Min.

Anzahl Aufträge/Wo.	Anzahl Positionen je Auftrag Ø	Zeitaufwand in Std.		Gesamtzeitbedarf in Stunden/Wo.		Bemerkungen
		Min.	Max.	Min.	Max.	
1.057	4	0,18	0,51	761	2.156	

B) Prozesskostenbetrachtung:

Was kostet die Abwicklung eines Lagerauftrages, von Bestellungseingang bei Vertrieb - bis Versand der Ware, ohne Fertigungskosten, ohne Buchhaltungsarbeit, ohne erstellen Arbeitspapiere, ohne Frachtkosten etc., also reine Arbeitszeit im Büro und im Versand

Tätigkeiten	Abtl.	Zeitbedarf in Min.		Bezugsgrößen	angen. Std.-Satz	Kosten pro Auftrag in €	
		Std.	Std.			Minimum	Maximum
1	2	3	4	5	6	7= (3x5x6)	8= (4x5x6)
Auftragserfassung Vertrieb (Zeit/Position)	VTI	0,18	0,51	4 Positionen	80,--	57,60	163,20
Versandarbeit (pro Auftrag)	LAG	0,47	2,51	1 Auftrag	70,--	32,90	175,70
Gesamt						90,50	338,90

4.1 Prozesskostenrechnung / Prozessstrukturanalyse, dargestellt an einem Übungsbeispiel

Was kostet ein Belegdurchlauf / die Bearbeitung eines Auftrages ?

Bitte erarbeiten Sie die direkten, also unmittelbaren, als auch mittelbaren Arbeitsvorgänge / Tätigkeiten für einen bestimmten Beleg- / Auftragsdurchlauf incl. eventuell angrenzenden Bereichen, die die Kosten des Beleg- / Auftragsdurchlaufes mitbestimmen. Legen Sie den Zeitverbrauch fest (min.[1]/max.[2]) und ermitteln Sie Kosten durch Multiplikation mit z.B. € 0,60 / min = € 36,-- / Std. Verrechnungssatz.

Vorgang	€ Kosten pro Min. je Ko.-Platz		Kostenberechnung						Bemerkungen
			Zeitaufwand minimal			Zeitaufwand maximal			
			Min.		€ / Vorg.	Min.		€ / Vorg.	
1.	0,60	x		=			=		
2.	0,60	x		=			=		
3.	0,75	x		=			=		
4.	0,75	x		=			=		
5.	0,60	x		=			=		
6.	0,60	x		=			=		
7.	1,--	x		=			=		
8.	1,--	x		=			=		
9.	usw. ↓	x		=			=		
10.		x		=			=		
11.		x		=			=		
12.		x		=			=		
Gesamtkosten für die Bearbeitung dieses Auftrages									

Hinweisfeld: Was kann durch abstellen / ändern von ....
besser / schneller / anders etc. gemacht werden
Problembeschreibung / Verbesserungsmöglichkeiten

____
____
____
____
____
____

[1] einfacher Auftrag
[2] schwieriger Auftrag

Wobei die Ermittlung von Vorgängen sowie deren Darstellungen in Häufigkeiten (Mengen) und Zeiten nur der erste Schritt ist. Es müssen auch Managemententscheidungen getroffen werden, bei denen es am qualifiziertesten ist, wenn die Mitarbeiter selbst durch ihre Meinungsbildung mithelfen, dass richtige Entscheidungen getroffen werden, die auch von allen getragen werden.

Bewährt hat sich bei die Erarbeitung und Darstellung von Arbeitsabläufen und Tätigkeiten, sowie der Ermittlung von Verschwendung der Einsatz ergänzender Fragen durch die Mitarbeiter selbst, deren Ergebnisse durch Abstellen in finanzielle und wirtschaftliche Auswirkungen umgerechnet werden können.

A WER ?		**B WAS ?**		**C WO ?**	
A 1	Wer macht es?	**B 1**	Was ist zu tun?	**C 1**	Wo soll es getan werden?
A 2	Wer macht es gerade ?	**B 2**	Was wird gerade getan ?	**C 2**	Wo wird es getan?
A 3	Wer soll es machen?	**B 3**	Was sollte getan werden?	**C 3**	Wo sollte es getan werden?
A 4	Wer kann es noch machen?	**B 4**	Was kann noch gemacht werden?	**C 4**	Wo kann es noch gemacht werden?
A 5	Wer soll es noch machen?	**B 5**	Was soll noch gemacht werden?	**C 5**	Wo soll es noch gemacht werden?
A 6	Wer verschwendet?	**B 6**	Was wird verschwendet?	**C 6**	Wo entsteht Verschwendung?

D WANN ?		**E WARUM ?**		**F WIE ?**	
D 1	Wann wird es gemacht?	**E 1**	Warum macht er es?	**F 1**	Wie wird es gemacht?
D 2	Wann wird es wirklich gemacht?	**E 2**	Warum soll es gemacht werden?	**F 2**	Wie wird es wirklich gemacht?
D 3	Wann soll es gemacht werden?	**E 3**	Warum soll es hier gemacht werden?	**F 3**	Wie soll es gemacht werden?
D 4	Wann kann es sonst gemacht werden?	**E 4**	Warum wird es dann gemacht?	**F 4**	Kann diese Methode auch in anderen Bereichen angewendet werden?
D 5	Wann soll es noch gemacht werden?	**E 5**	Warum wird es so gemacht?	**F 5**	Wie kann es noch gemacht werden?
D 6	Wann wird verschwendet?	**E 6**	Warum wird verschwendet?	**F 6**	Wie entsteht die Verschwendung?

Wobei es ideal wäre, wenn bereits bei der Erfassung der Daten in „wertschöpfend“ und „nicht wertschöpfend“ getrennt werden könnte.

Muster einer Auftragsbegleitkarte zur Ermittlung der Durchlaufzeit / Anzahl Schnittstellen und notwendiger Tätigkeiten:

Bild 4.2: *Muster einer Auftragsbegleitkarte*

AUFTRAGSBEGLEITKARTE
Analyse: Steuerungsmodelle

Auftragsnummer: .... Kostenträger-Klassifikation: ....

Arbeitsplatz (Name)	Kosten-stelle	Erhalten		Beginn der Bear-beitung	Weiterge-geben		Tätig-keits-Nr.	Gebr. Zeit in Std.	Bemerkungen **1)** für nicht wertschöpfende Tätigkeiten
		Datum	von		Datum	an			
									1)Bemerkungen z.B.
									nicht ordnungsgemäß
									aufbereitet
									unvollständig ausgefüllt
									von Vor-Sachbear-
									beiter, daher Rück-
									fragen.
									Ablage in Keller
									warum?

Problembeschreibung/Verbesserungsmöglichkeiten gemäß eigener Einschätzung nach Art, Umfang, Größe, Zeit, Menge etc.

Zeitarten	Bewertung
Bearbeitungszeiten	wertsteigernd
Transformationszeiten Abstimmungszeiten Kommunikationszeiten Suchzeiten Archivierungszeiten geistige Rüstzeiten	nicht bzw. nur bedingt wert-steigernd
Transportzeiten Liegezeiten	nicht wertsteigernd

Auch der temporäre Einsatz von sogenannten Tätigkeits- und Zeitanalyseerfassungsbögen hat sich für die Ermittlung von Geschäftsprozessen bzw. deren Kosten bewährt.

Siehe nachfolgenden Muster-Erfassungsbogen:

Bild 4.3: *Muster eines Tätigkeits- / Zeiterfassungsbogens*

Tätigkeits- und Zeitanalyse Bereich Disposition – Fertigungssteuerung	Name: ________ Monat ________									
Ausgeführt Tätigkeiten	**Zeitaufwand in Stunden (0,25 Std.-genau)**					**Anzahl Vorgänge**				
	tägl.	wöchentl.	monatl.	spor.	Vermerke	tägl.	wöchentl.	monatl.	spor.	Vermerke
Dispo-Überbest.-Liste/ Fehlteileliste bearbeiten										
Terminanfragen / Terminreklamationen v. Vertrieb bearbeiten										
Bearbeiten von Bestellvorschlägen (Kauft.) und Betreuung Unterlieferanten										
Fertigungssteuerungsarbeit, Terminabstimmung mit Fertigung, Terminverfolgung, Erstellen Produktionspläne										
Stammdatenpflege und Korrektur von Lagerbeständen										
Erstellen Arbeitspapiere										
Selbstorganisation (in der Abteilung selbst)										
Neuanläufe / Produktionsumstellung / -änderungen										

Wobei die Ermittlung von Vorgängen sowie deren Darstellungen in Häufigkeiten (Mengen) und Zeiten nur der erste Schritt ist. Es müssen auch die notwendigen Managemententscheidungen getroffen werden, damit die gewünschten Verbesserungen / Ziele auch schrittweise erreicht werden.

Siehe nachfolgende KVP - Prozess - Schrittfolge:

1. Nutzung von Prozesskosteninformationen zum Gemeinkostenmanagement/ für zukünftige Steuerungsmodelle in der Ablauforganisation

- Aufdeckung von Einsparungspotential bei der Einführung
- Basis für langfristig wirksame Kostensenkungsmaßnahmen
  - Verminderung gemeinkostentreibender Faktoren
  - Verkürzung der Durchlaufzeiten und Fehlervermeidung
  - Kostensenkung oder Leerkosten?

2. Vorgehensweise

- Festlegen der Geschäftsprozesse, z.B. Auftragsbearbeitung
- Festlegen der Ablaufarten / Tätigkeitsarten (Cost-Drivers / Bezugsgrößen)
- Identifikation von Aktivitäten in Kostenstellen und Ermittlung des Einflusses der Bezugsgrößen auf die Aktivitäten / Erstellen Tätigkeitskatalog
- Ermittlung von Kostensätzen
- Ermittlung der Abläufe und Kosten über die gesamte Prozessfolge

3. Erkenntnisse

- Einbeziehung der Prozessverantwortlichen
- Transparenz der Abläufe der Geschäftsvorgänge
- Transparenz der Kostenelemente
- Erkenntnisse als Maß- und Steuerungsgröße für Veränderungen

4. Prozesskostenerkenntnisse und Managemententscheidungen

- Umdenkungsprozess
- Darstellen und Rechnung ersetzt nicht notwendige Entscheidungen!

Siehe auch Schemabild „Optimieren von Geschäftsprozessen“.

Nach dem Motto:

„Es gibt nichts, was man nicht verbessern kann!“

- Steigerung der Qualität von Produkten und Prozessen
- Reduzierung der Durchlaufzeiten und Steigerung der Termineinhaltung
- Verbesserung der Produktivität und Senkung der Kosten
- Fehlervermeidung
- Erhöhung der Arbeitszufriedenheit und Arbeitssicherheit

... von innen heraus in kleinen Schritten zu erreichen.

Bild 4.4: *Optimieren von Geschäftsprozessen / Organisationsstrukturen durch Teamarbeit*

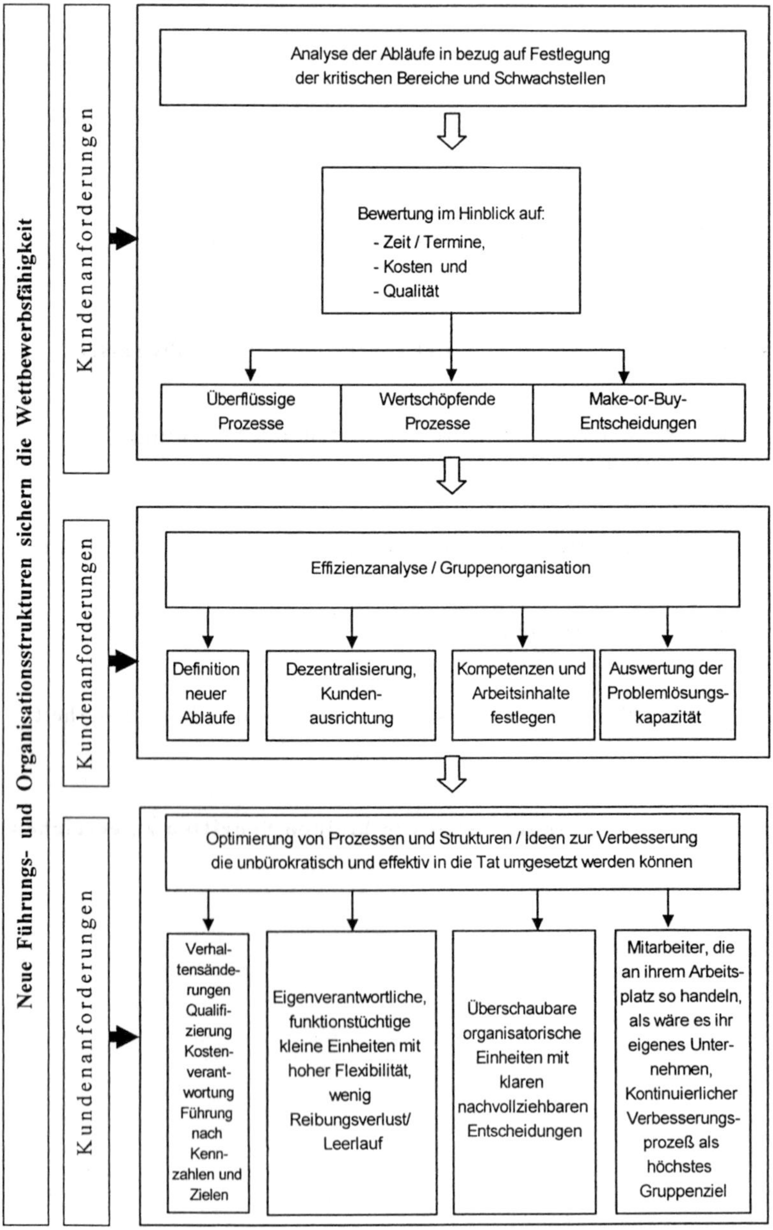

5. Berücksichtigung allgemeiner Planungs- und Dispositionsregeln in einer bestandsminimierten Material- und Lagerwirtschaft als weitere Voraussetzung für eine flexible und termintreue Fertigung mit kurzen Durchlaufzeiten in einer atmenden Fabrik

Jeder geordnete Materialdurchlauf setzt voraus, dass geeignete Unterlagen hierfür vorliegen. Dies sind im allgemeinen die Stücklisten und in begrenztem Umfang die Arbeitspläne.

Von Praktikern wird immer wieder betont, welch wichtigen Einfluss diese Basisdaten haben. Denn ohne richtig aufgebaute Stücklisten können die Teile für die Fertigung und Montage nicht korrekt bereitgestellt werden. Mangelt es aber an der terminlichen richtigen Bereitstellung, fehlen Teile, so liegen andere Teile / Materialien in den Lagern, binden Kapital und führen zu Produktionsstockungen.

Liegen im Unternehmen keine, auf Gruppenarbeit minimiert ausgerichtete Arbeitspläne vor, so können sich die Produktionsteams nicht ausplanen. Es können Engpässe entstehen, die auch durch die nachfolgend beschriebene Gruppenarbeit mit flexibler Arbeitszeit, plus eventuell vorhandenen Personalpuffern, nicht aufgefangen werden können.

Insgesamt muss verdeutlicht werden:
Die Organisation nach Produktionsteams, hier insbesondere das Auftragsabwicklungszentrum, stellt die Schaltzentrale eines Produktionsbetriebes dar. Sie entscheidet nicht nur über die Produktivität des Betriebes, indem sie die betrieblichen Abläufe plant und überwacht, sondern sie entscheidet durch Konzeption und Führung auch über die Materialbeschaffung und Durchlaufzeit, und somit, ob wir überhaupt Aufträge erhalten oder nicht.
Siehe Bild 1.1

Daher muss u.a. größter Wert auf den richtigen Aufbau der Materialwirtschaft gelegt werden, denn in einer atmenden Fabrik muss Material rechtzeitig, in genügender Menge vorhanden sein.

Voraussetzungen für eine geordnete Materialwirtschaft sind:

a) Systematisierte Lagerbestandsführung, EDV-dialogorientiert für A- und B-Teile

b) Verbesserung der Zusammenarbeit mit unseren Lieferanten, durch z.B. Erstellen von Leitbildern als Lieferantenanforderungen, systematische Auswahl von Hauptlieferanten

c) Einrichten von Abrufaufträgen für die teueren A- und B-Teile mit Verlagerung der Bestände zu Lieferanten, bzw. in Zwischenlagern bei z.B. Spediteuren, wenn die Entfernungen zu groß sind,

d) ein Wiederbestellpunktverfahren für billige C-Teile, wie Schrauben, Splinte, etc.

e) Einführung von Bauhaus-/Regalservice-Verfahren, bzw. KANBAN-Systemen (Verlagerung der Bestände zum Lieferanten und der Bestandsverantwortung in den Betrieb)

f) Wir haben bei unserem Lieferant, bzw. unser Lieferant hat bei uns Zugriff auf die Bestands-, Bedarfs- und Auftragsfortschrittsdaten.

g) Einrichten eines Restmengenmeldesystems zur frühzeitigen Aufdeckung von Bestandsfehlern.

5.1 Verbesserung der Dispositionsverfahren und der Dispositionsqualität durch Reduzierung der Entscheidungsebenen und Zuordnung von eindeutigen Verantwortlichkeiten

Der Disponent wird Beschaffer

Ein weiterer wesentlicher Punkt zur termintreuen Lieferung mit minimierten Beständen liegt aber auch im Bereich der Reduzierung der Entscheidungsebenen in Verbindung der Zuordnung von genau definierten Verantwortlichkeiten für Disposition und Beschaffung nach Produkt- / Artikelgruppen im Auftragsabwicklungszentrum. Sie wird durch eine zweckentsprechende Matrixorganisation nach Produktgruppen erreicht und durch zuordnen des Beschaffungsvorganges an den Disponenten. Also Aufteilung des Einkaufes in einen strategischen Teil (z.B. Preise und Lieferanten bestimmen bleibt bei Einkauf) und in einen operativen Teil (das Beschaffen wird in die Disposition integriert).

Bild 5.1: *Verantwortungsmatrix für Disposition und Beschaffen*

Verantwortungsbereich je Disponent/ Beschaffer / Dispositionsebene (BESCHAFFEN)	Zugeordnete Dispositions- und Bestandsverantwortung nach Artikelgruppen: WEBER Artikel-Gruppe U / A / F	BERGER Artikel-Gruppe R / B / S	KURZ Artikel-Gruppe X / C	WERNER Artikel-Gruppe M + D	VOGEL Artikel-Gruppe G / H / E / R
Haupt-Baugruppe Unter-Baugruppe					
Einzelteile Eigenfertigung; Einzelteile Fremdbezug; Halbzeug; Wiederholteile-Halbzeug mit Wiederholteilcharakter	Bedarfsrechnung - Bestandsrechnung - Bestellrechnung; Terminkontrolle - Bestandsverantwortung				
	Nur für Artikel-Gruppe U / A / F	Nur für Artikel-Gruppe R / B / S	Nur für Artikel-Gruppe X / C	Für alle Wieder holteile aller Artikelgruppen die übergreifend vorkommen und für Art.-Gr. D	Nur für Artikel-Gruppe G / H / E / R
Sonstige zugeordnete Tätigkeiten im Rahmen der Auftrags- und Terminplanung	Auftragsterminierung aller innerbetrieblichen Aufträge, Auftragsbestätigungen an Vertrieb, Kapazitätsrechnung / -abgleich mit Betriebsleitung, Kontrolle der Rückstände - Einleiten von Maßnahmen				
Beschaffen					
Terminüberwachung					

Abb.: Verantwortungsmatrix

Diese Zuordnung nach Dispositions-, Beschaffungs- und Verantwortungsbereichen nach Produktgruppen hat den Vorteil, dass jeder Disponent / Beschaffer im Detail bis hin zum Halbzeug über seine Bestände / Fehlteile / Lieferterminsituation etc. genauestens Bescheid weiss, er sofort zum Kunden auskunftsbereit ist und durch die Zuordnung der Verantwortungsbereiche nach Artikelgruppen auch ein abgestimmtes Disponieren nach Bedarf und Bestandshöhe der Teile untereinander ermöglicht (Disponieren nach Reichweiten und das Beschaffen in Wellen eingerichtet werden kann).

Auch die auf den Bildschirmen darzustellenden Bestandsreichweitendaten, unter Berücksichtigung der gewünschten Bestellmenge

derzeitiger körperlicher Bestand	=	1.000 Teile
gewünschte Bestellmenge	=	10.000 Teile
geteilt durch Ø Verbrauch/Woche	=	1.480 Teile
= Reichweite	=	7,4 Wochen

sowie eine Berechnung und Darstellung des **Bestellwertes in €**, fördern das Verantwortungsbewusstsein der Disponenten wesentlich.

Organisatorisch wird dies so geregelt, dass in den Stammdaten aller Artikel- / Baugruppen-Teile-Halbzeuge etc. eine Disponenten-Kennummer mitgeführt wird. Diese ordnet alle Aufträge, Bestellanstöße, Fehlmengenanzeigen etc. automatisch dem verantwortlichen Disponenten zu.

Diese Zuordnung hat den weiteren Vorteil, dass die Arbeitsqualität jedes einzelnen Disponenten eindeutig kontrolliert werden kann, z.B.

- Bestandslistenveränderung in € je Disponent
- Fehlteile je Disponent
- Reklamationen je Disponent
- Termineinhaltung je Disponent
- Bestandssicherheit, bezogen auf die Verfügbarkeit des körperlichen Bestandes je Disponent
- Bestellen von Bedarfen in gleichen Wellen und Mengen pro Produkt bzw. Produktgruppe
- Umschlagshäufigkeit der Teile je Disponent

und im Falle von erforderlichen Bestandssenkungsmaßnahmen eindeutige Vorgaben, sowie deren Kontrolle auf Einhaltung getroffen werden können.

Um diese Organisationsform verwirklichen zu können, ist es aber erforderlich, daß diese Detailorganisation innerhalb eines Tätigkeitsbereiches (Abteilung) in eine zweckentsprechende und insgesamt funktionsfähige Gesamtorganisation eingebettet ist.

Bild 5.2: *Darstellung – Eindeutige Aufgabenvergabe mit entsprechender Aufgabenumschreibung gemäß Lean-Gedanke je Disponent / Beschaffer / Produktverantwortlichem*

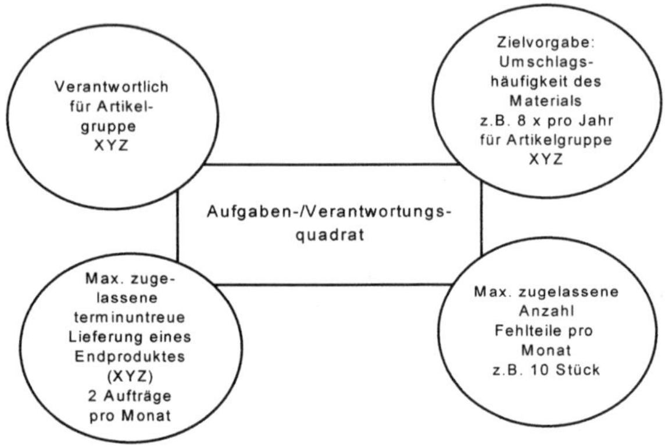

Wichtige Voraussetzung für eine zeitgerechte Material- / Teileanlieferung ist jedoch ein stimmendes Bestandswesen, d.h. dass sowohl die körperlichen als auch reservierten Bestände in der EDV mit den tatsächlichen Beständen übereinstimmen.

Merke - Je niedriger die Bestandsmengen, um so höher muss die Genauigkeit der Bestandszahlen werden!

Bild 5.3: *Darstellung von Bestandshöhe und Organisationsmängel*

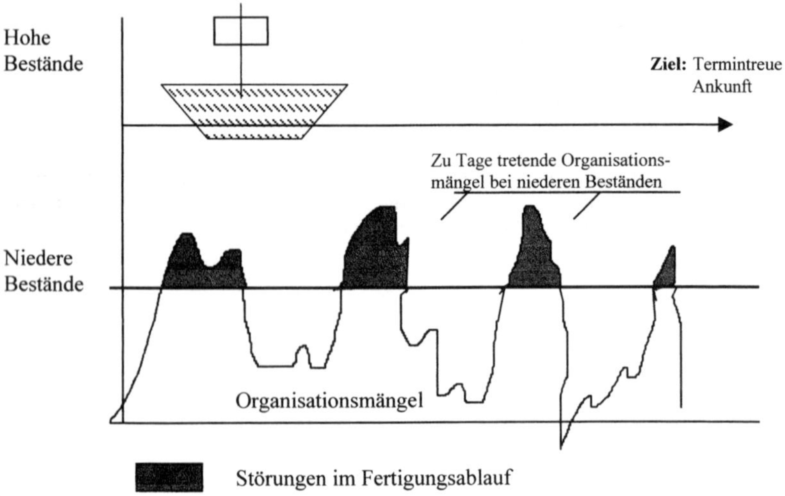

5.2 Die ABC-Analyse als Bestandswertstatistik und als Dispositionsgrundlage

Bei der Suche, wie bekomme ich die Materialwirtschaft noch besser in den Griff, bietet sich die ABC-Analyse an. Durch die ABC-Analyse wird ein Maßstab für die Wertigkeit der Lagerhaltung eines jeden Einzelteiles geschaffen. Verbrauch und Wertigkeit gehen in die Rechnung ein.

In früheren Jahren war die Klassifizierung ausschließlich durch Multiplikation der beiden Faktoren „Menge x Preis“ und danach Einteilung in drei Gruppen

A-Positionen	=	20 - 25 %	aller Teile entsprechen ca. 70 - 75 % des Gesamtwertes
B-Positionen	=	25 - 30 %	aller Teile entsprechen ca. 20 - 25 % des Gesamtwertes
C-Positionen	=	40 - 50 %	aller Teile entsprechen ca. 5 - 10 % des Gesamtwertes

üblich.

Da in diese Berechnungen nur Mengen und Werte eingehen, was in bezug auf Verwirklichung des Just-in-Time-Gedankens nicht die richtigen Entscheidungskriterien sind, werden heute als Merkmale:

der Preis pro Teil absolut, sowie
die Dauer der Wiederbeschaffungszeit in Wochen

zur Bestimmung der A / B / C-Einteilung verwendet.

Das bedeutet, dass z.B. geringwertigere B- oder C-Teile mit langen Lieferzeiten, z.B. 18 Wochen, dadurch zu A-Teilen werden, die über Abrufaufträge mittels Liefereinteilungen nach Wochen, sowie Anpassungen (wöchentliche Erhöhung / Verminderung der Liefereinteilungen, auch ATMEN genannt) abgerufen werden.

Bild 5.4: *A / B / C-Bestimmung nach Wertigkeit/Kosten und Wiederbeschaffungszeit/ Lieferzeit (Beispiel)*

Wert	Teile Art nach Wert	Wiederbeschaf-fungszeiten	Teile Art nach WBZ und Wert
Größer 10,-- €	A	5 Wochen	A-Teil
		17 Wochen	A-Teil
Größer 1,-- €	B	4 Wochen	B-Teil
		20 Wochen	A-Teil
Kleiner 1,-- €	C	3 Wochen	C-Teil
		18 Wochen	A-Teil

C-Teile also nur Teile sein können, die preiswert sind und kurze Wiederbeschaffungszeiten haben und B-Teile von der Zielsetzung her, quasi aussterben, da sie entweder zu A-Teilen oder zu C-Teilen werden.

5.2.1 Einbeziehung des Vertriebes in Trendbestimmung, Disposition und Bestandsverantwortung von A-Teilen/Materialien

Sichere Prognosen über Trendentwicklungen sollten eine Grundlage für die Materialdisposition und Fertigungsprogramme sein. Dies bedeutet Einbeziehen des Kundenverhaltens in die Disposition, insbesondere bei A-Teilen / Materialien mit langen Lieferzeiten zur Trendbeurteilung, ob mehr oder weniger, oder die gleiche Menge wie in der Vergangenheit beschafft werden soll, was automatisch erreicht wird, durch die Zusammenfassung Auftragsabwicklung/ Disposition und Beschaffung in eine Hand.

Dies mündet in Planungsprogrammen mit möglichen Stückzahlen je Artikel oder Artikelgruppe unter Berücksichtigung des Bedarfsverlaufes in der Vergangenheit und in der Vorausbestimmung für einen gewünschten Planungszeitraum. Den so festgelegten Mengen werden die tatsächlichen Auftragseingänge nach Terminraster dagegengefahren. Die sich so ergebenden Bedarfszahlen werden den Lieferanten wöchentlich bekanntgegeben und ergeben die Abrufe / Anliefermengen je Zeitraum.

Aus Sicht des Autors ist es aber nicht in jedem Falle sinnvoll, eine Vorplanung (Vorcash) für komplette Produkte (Endprodukte) über z.B. einen rollierenden Planungszyklus von 6 Monaten x X zu erstellen.

Es kann dies durchaus auch auf der Ebene von

Baugruppen oder	}	und nur
Einzelteilen und / oder		mit Kennung
Halbzeug / Rohmaterialien		A

erfolgen, wenn dies dem Vertrieb die Entscheidung erleichtert.

Auch der Verzicht auf absolute Zahlen für die Vorplanung der nächsten Zeiträume, erleichtert dem Vertrieb seine Entscheidungen, wenn sie durch eine Trendangabe ersetzt wird:

A) Trenddarstellung

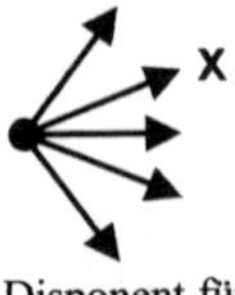

Letztlich muss der Disponent für seine Lagerbestandszahlen doch gerade stehen, also kann er unter Angabe der Trends und seiner Erfahrung sicher sachgerecht seine Mengenfestlegungen und Abrufentscheidungen für A-Teile in Absprache mit Fertigung / Einkauf / Lieferant selbst treffen.

In jedem Falle müssen aber anhand von Vergangenheitswerten und Wiederholteil-Listen, Trends von seiten des Vertriebes

A-Teile / Materialien

sowie

C-Teile mit langen Lieferzeiten (sind ebenfalls A-Teile),

vorgeplant werden.

B) Schemadarstellung der rollierenden Planung:

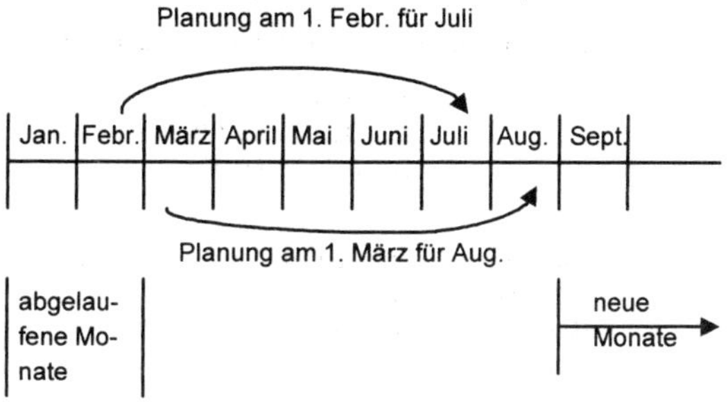

C) Der echte Bedarf wird dagegen gefahren

Die sich so ergebenden tatsächlichen Bedarfe / Abrufe, (erhöhen, vermindern, terminlich Mengen vorziehen, oder zurückstellen, auch ATMEN genannt), machen die Disposition sicherer und durch einbeziehen des Lieferanten in den Informationskreis wird die Treffsicherheit zwangsläufig besser. Lieferant erhält unserer Bedarfsübersichten z.B. 2 x / Woche und produziert danach.

Eine bessere Einhaltung von Lieferzusagen und eine Verminderung des Bestandsrisikos ist eine Zwangsfolge.

5.2.2 Richtlinien zur Behandlung von B-Teilen / Materialien

Für B-Materialien lassen sich nur schwer Richtlinien aufstellen. Einige B-Materialien liegen näher bei der A-Kategorie, einige näher bei der C-Kategorie. Die Behandlungsweise muss deshalb von Fall zu Fall festgelegt werden. Wobei der Trend Entscheidung zu A-Teil überwiegt. B-Teile also immer weniger werden.

Die Dispositionsrichtlinien für B-Teile also lautet: Bedarfsabhängig im Zeitraster nach Reichweiten disponieren. Auslöser der Bedarfsanforderung ist der Wiederbestellpunkt.

Vorteil der Reichweitenbetrachtung: Entweder hat man alle Teile/Materialien für eine bestimmte Auftragsmenge als Reichweite in Wochen vorrätig oder 0-Bestand. Produziert / geliefert werden kann ja nur gemäß der niedersten Bestandszahl eines Teiles.

$$\text{Reichweite} = \frac{\text{Bestellmenge} + \text{Bestand}}{\text{Ø-Verbrauch / Monat}^{1)}}$$

Eine Reichweitenvorgabe sichert gleichzeitig eine gewünschte / vorgegebene Lagerumschlagshäufigkeit.

1) oder anstatt Ø-Verbrauch / Monat, werden die bereits reservierten Bedarfe der Aufträge die gemäß terminlichem Zeitraster noch zu liefern sind, als Reichweitenbetrachtung verwendet.

Bemerkung - Ziel muss längerfristig lauten:

Es gibt nur noch A und C Teile, bzw. KANBAN-Teile

Grund: Die Aufwendige Pflege der Stammdaten, für z.B.

Wiederbestellpunkt
Wiederbeschaffungszeit
Sicherheitsbestand
etc.

entfällt bei A- und KANBAN-Teilen weitgehendst, da nach Bedarf abgerufen wird.
Bei C-Teilen kann die Pflege großzügiger gehandhabt werden.

5.2.3 Vereinfachte Dispositionsverfahren für C-Teile

Bei C-Materialien kann das Dispositionsverfahren gelockert werden. Es kann entweder

- **nach dem Zwei-Kisten-System gearbeitet werden / bzw. Skala grün, gelb, rot**
  Bestandsverantwortung und Anstoß für Nachschubautomatik liegt in den Händen des Lageristen

oder

- **es werden nur komplette Abgänge nach**
  - Menge pro Kiste oder
  - Lagereinheit oder
  - fixer Entnahmemenge

im körperlichen Bestand abgebucht. Nachdispositionen erfolgen über einen festgelegten Wiederbestellpunkt, der großzügig ausgelegt ist. Die Festlegung der Bestellmenge erfolgt nach wirtschaftlichen Losgrößen.

5.3 Abbau von Geschäftsvorgängen und Erhöhung der Lieferbereitschaft durch neues Denken und Handeln in der gesamten Materialwirtschaft und Logistikkette von Lieferant bis Abnehmer

Alle EDV-gestützten Bestandsführungsverfahren erfordern einen hohen Aufwand in Führung und Pflege der Systeme. Bei niederen Beständen kommt noch das Risiko von Fehlmengen / Fehlbeständen hinzu, durch:

- EDV-Kontenstand entspricht nicht dem Lagerbestand vor Ort

was für die geforderte Flexibilität und Liefertreue ein verhängnisvoller Zielkonflikt ist.

Gelöst werden kann dieser Zielkonflikt durch die Einführung von sogenannten Bauhaus-/ Regalserviceverfahren und / oder KANBAN-Systemen, wie sie im Handel bereits üblich sind, die einerseits Kosten senken (Abbau von Geschäftsvorgängen, wie z.B. Buchungs- und Bestellvorgänge, bei gleichzeitiger Erhöhung des Verfügbarkeit).

5.3.1 Einrichten sogenannter Bauhaus- / Regalserviceverfahren, die ähnlich dem Auffüllen von z.B. Zigarettenautomaten funktionieren

Wie funktionieren Bauhaus- / Regalserviceverfahren:

1. Das Unternehmen stellt den Lieferanten entsprechende Lagerräumlichkeiten zur Verfügung (quasi einen Verkaufsraum)

2. Die Lieferanten richten in diesen Räumlichkeiten Lager ein, die gemäß den Wünschen des Unternehmens in Artikel und Mengen entsprechend ausgerüstet sind (z.B. Bedarf für drei Monate, wobei die Mengen pro Entnahmeeinheit nicht größer als ein Wochenbedarf sein sollte).

3. Für diese Räumlichkeiten gibt es im Unternehmen einen zuständigen Lagerverwalter.

4. Das Unternehmen muss die dort liegenden Bestände nicht bezahlen, dies sind reine Kommissionswaren.

5. Jede Woche kommt ein Mitarbeiter der entsprechenden Lieferfirma / des Lieferanten, prüft die Abgänge und füllt automatisch bis zu einem Maximalmenge auf, die vom Unternehmen, oder z.B. durch die Regal- / Fachgröße, vorgegeben ist, oder der Lagerverwalter bestellt gemäß Mindestbestand mittels vorbereitetem KANBAN-Fax.

6. Das Unternehmen erhält eine Rechnung über die entnommenen Mengen, die jetzt wieder zur Maximalmenge aufgefüllt worden sind.

7. Über die Stücklistenorganisation werden die einzelnen Entnahmen den Projekten zugeordnet.

Somit ist eine 100%-Verfügbarkeit für das Unternehmen gegeben, ohne dass sich das in Form von Lager- und Zinskosten niederschlägt.

Dieses sogenannte Bauhausverfahren setzt sich insbesondere immer mehr bei Montagebetrieben durch.

Dieses sogenannte Bauhausverfahren setzt sich insbesondere u.a. immer mehr bei Montagebetrieben durch. Die Lieferanten sind anfänglich nicht gerne bereit dieses System zu akzeptieren, aber letztlich tun sie es doch, aus der Sorge eines Auftragsverlustes oder des Verlustes eines Kunden und auch deshalb, weil diese sogenannte Bauhaus- / Regalserviceverfahren ja auch für den Lieferanten einen großen Vorteil mit sich bringt: Er kann davon ausgehen, dass wenn er sich müht und die Vorräte immer auf dem laufenden hält, dies für ihn zu einer Art Umsatz-Automatismus führt und der Kunde keinen anderen oder zweiten Lieferanten sucht.

Bild 5.5: *Schemadarstellung Funktionsweise Bauhausverfahren*

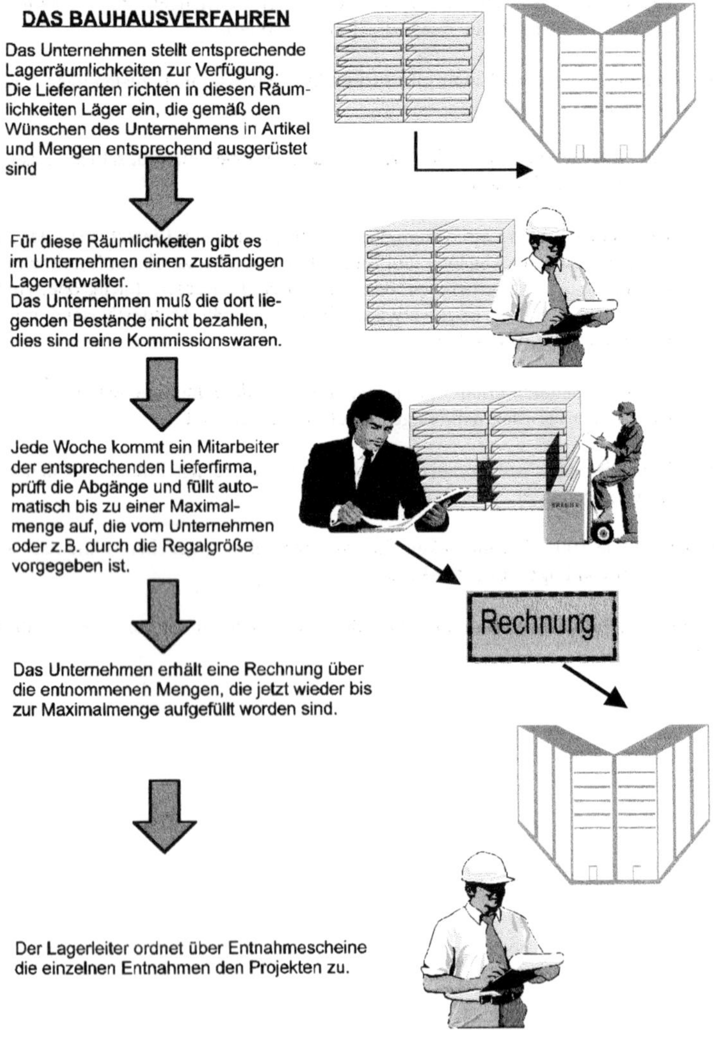

5.4 Restmengenmeldung (I-Punkt) für A- und B-Teile

Niedrigere Bestände erfordern genauere Bestandsführung über die aktuelle Situation.

Die Einführung von sogenannten Restmengenmeldungen, die automatisch von der EDV auf den Entnahmebelegen ausgedruckt werden, oder vom Lagerverwalter bei Erreichen einer überschaubaren Bestandsmenge sofort eine Bestandsprüfung am Bildschirm vorgenommen wird (ähnlich permanenter Inventur), erhöht die Sicherheit, daß

a) die Bestände stimmen, die Kontenauskünfte also glaubhaft sind,

bzw.

b) Bestandsdifferenzen zwischen Buchungsbestand im EDV-System und körperlichem Bestand am Lager frühzeitig erkannt, rechtzeitig reagiert werden kann und es so nicht zu ärgerlichen Fehlbeständen überhaupt kommt

c) Dem Disponenten, dem Lagerist letztendlich die Aussage gibt, daß seine Bestände stimmen, bzw. daß Abweichungen aus Gründen (welcher Art auch immer) so von ihm bemerkt werden, gegebenenfalls sofort nachbestellt wird, und durch Nachfassen die Gründe/Schwachstellen aufgezeigt werden und somit mittelfristig abgestellt werden können.

Außerdem kann das System Restmengenmeldung so ausgebaut werden, damit es eine ähnliche Funktion, wie das viel genannte **KANBAN-System** erhält. In Verbindung mit einer sogenannten „permanenten Inventur" erhöht dies wesentlich die Genauigkeit der Bestandszahlen.

Bei Einsatz von Leitrechnern im Lager kann durch die Integration von Waagen dasselbe erreicht werden, wenn alle Zugänge, Abgänge über einen sogenannten I-Punkt am Lager laufen.

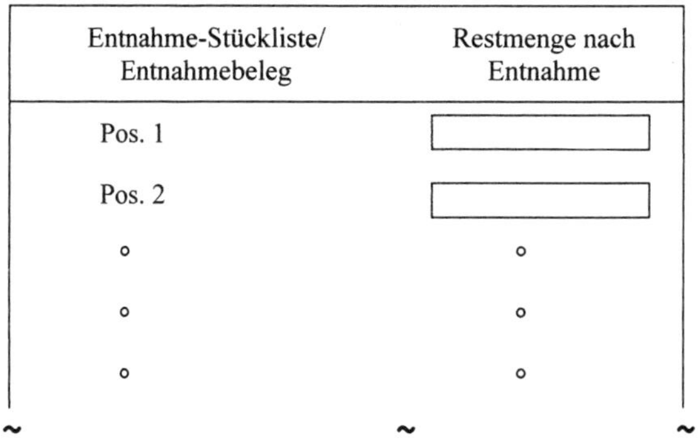

5.5 Schwachstellendarstellung von traditionellen PPS-Systemen auf der Basis von Wiederbestellpunkten und reservierten/verfügbaren Bestandskreisen für Vorratsteile

Es handelt sich bei traditionellen PPS-Systemen im wesentlichen um Informationssysteme, deren Effizienz heute in vielen Belangen in Frage gestellt wird. Als Hauptproblem in der Materialwirtschaft zeigt sich dabei, dass die in der Disposition ermittelten Termine nicht gehalten werden können, so dass das gesamte, aufwendig ermittelte Mengen- und Termingefüge in Frage gestellt wird. Da sich dieser Zustand in der heutigen Zeit, mit seinen geforderten Notwendigkeiten nicht mehr aufrechterhalten lässt, stellt sich für viele Unternehmen die Frage, wie diese herkömmliche Art der Materialdisposition und Fertigungssteuerung verbessert werden kann, ohne die Vorteile eines PPS-Systems insgesamt zu verlieren.

Schemadarstellung: Wie funktioniert ein traditionelles Dispo-System, dargestellt anhand von vier verschiedenen Artikeln, mit ca. gleich großen Bestell- / Bedarfsmengen und Wiederbeschaffungszeiten pro Jahr

	Beispielzahlen:				
Endprodukt/Baugruppe/	Ident-Nr.	Ident-Nr.	Ident-Nr.	Ident-Nr.	usw.
Einzelteil/Halbzeug	A	B	C	D	
Festgelegter Wiederbestellpunkt im PPS-System	100	120	110	150	
Bestand lt. letzter Bedarfsrechnung	+ 99	+ 119	+ 109	+ 149	

Wiederbestellpunkt ist niederer als Bestand, also erzeugt PPS-System nach festgelegten Regeln Bestellvorschläge, die vom Disponenten in Aufträge umgewandelt werden

		A	B	C	D	
Ergebnis:	Bestellmenge	200	220	210	240	
mit	Starttermin Wo./J.	32/xx	32/xx	32/xx	32/xx	
und	Endtermin Wo./J.	40/xx	40/xx	40/xx	40/xx	

Darstellung weiterer Kundenbedarfe, eingereiht in das sogenannte terminliche Zeitraster, wann die Bedarfe tatsächlich benötigt werden = Darstellung weiterer Aufträge

Termin [1)]	Kunden-aufträge	mit Menge	A	B	C	D	
Wo. 32	A	"	20	--	5	18	
Wo. 33	B	"	10	--	5	12	
Wo. 33	C	"	5	--	5	10	
Wo. 34	D	"	15	--	--	2	
Wo. 34	E	"	15	--	--	2	
Wo. 35	F	"	10	--	5	2	
Wo. 36	G	"	15	--	5	4	
Wo. 36	H	"	10 xxx [2)]	--	--	10	
Wo. 38	I	"	10	--	1	10	
Wo. 39	K	"	20	--	1	10	
Wo. 40	L	"	10	--	8	--	
Ergibt Σ Bedarf bis Wo. 40			140	0	35	80	
Ergibt Bestand in Wo 41 [1)]			- 41	+ 119	+ 74	+ 69	

1) PPS-System erzeugt bei erneuter Unterdeckung/Unterschreitung des Wiederbestellpunktes neue Aufträge. Dieser Vorgang ist hier nicht dargestellt, da für Problembesprechung bedeutungslos.

2) Ab hier Unterdeckung

Aussage:

Zum Zeitpunkt der Freigabe der Aufträge haben alle vier internen Aufträge die gleichen Start- und Endtermine auf den Bestellungen/Arbeitspapieren. Die Dringlichkeit nach Reichweiten, die sich durch weitere/laufend eingehende Kundenaufträge aber ergeben, lauten:
Stand Wo. 44:

Artikel ID-Nr. A:	Hat Unterdeckung, Kundenaufträge können ab Wo. 36 nicht erfüllt werden
Artikel ID-Nr. B:	Wird quasi z.Zt. nicht benötigt, hat aber gleichen Termin wie A
Artikel ID-Nr. C:	Hat noch ca. 14 Wochen Reichweite
Artikel ID-Nr. D:	Hat noch ca. 6 Wochen Reichweite

Resümee:

Wenn alle vier Aufträge termintreu gefertigt werden, werden u.a. Produkte hergestellt, die momentan nicht benötigt werden.

Übertragen Sie dieses Beispiel auf Ihr Unternehmen mit angenommenen 2000 verkaufsfähigen Artikeln und den damit verbundenen Stücklistenauflösungen. Wenn es der Zufall will, werden über Baugruppen und Unterbaugruppen, bis hin zu Einzelteilen/Halbzeug, Bestellungen getätigt, also eine Bedarfslawine erzeugt, von Dingen die man zu den angenommenen Zeitpunkten tatsächlich nicht, oder nur teilweise benötigt, was bedeutet:

Verschwendung / falscher Einsatz von Personal und

Maschinenkapazität mit zu hohen Lagerkosten und

zu langen Durchlaufzeiten

Mit dem Ergebnis:

Die Auftragsflut verstopft die Fertigung, erzeugt ständig

wechselnde Engpässe, die es u.a. nicht mehr ermöglichen

die Artikel, die tatsächlich benötigt werden, rechtzeitig zu fertigen.

oder vereinfacht, aus Sicht des Lagerleiters ausgedrückt: Er erhält permanent Teile / Artikel die er nicht benötigt, selten die, die er benötigt, was Frust im Lager erzeugt.

Es wird das Falsche, zum falschen Zeitpunkt produziert.

KANBAN-Systeme dagegen, die auf dem Saugprinzip aufgebaut sind, lösen nur dort Aufträge aus, wo auch Abgänge vorhanden sind, wodurch automatisch auch nur das gefertigt wird, was tatsächlich benötigt wird.

5.6 Schwachstellendarstellung von traditionell aufgebauten Baugruppenstücklisten und Dispositionsverantwortlichkeiten nach Teile- / Materialarten

Darstellung der Dispo- und Teileverantwortung anhand einer Schemabaukastenstückliste bei herkömmlicher Organisationsform (Taylorismus)

Nachfolgend ist die Dispositions- und Terminverantwortung, also die Verantwortlichkeiten, dass Kundenaufträge rechtzeitig geliefert werden können, beispielhaft dargestellt:

Wer macht was, wer ist für welche Teile / Materialien verantwortlich, siehe verschiedene Kennzeichnungen:

= Mechanische Teile Hr. xxx

= Elektroteile Fr. yyy

= Halbzeug u. Normteile Hr. zzz

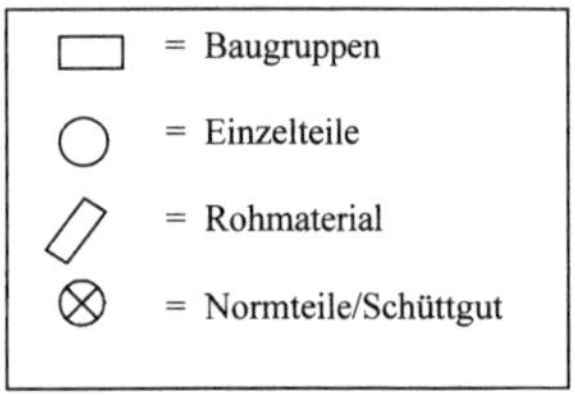

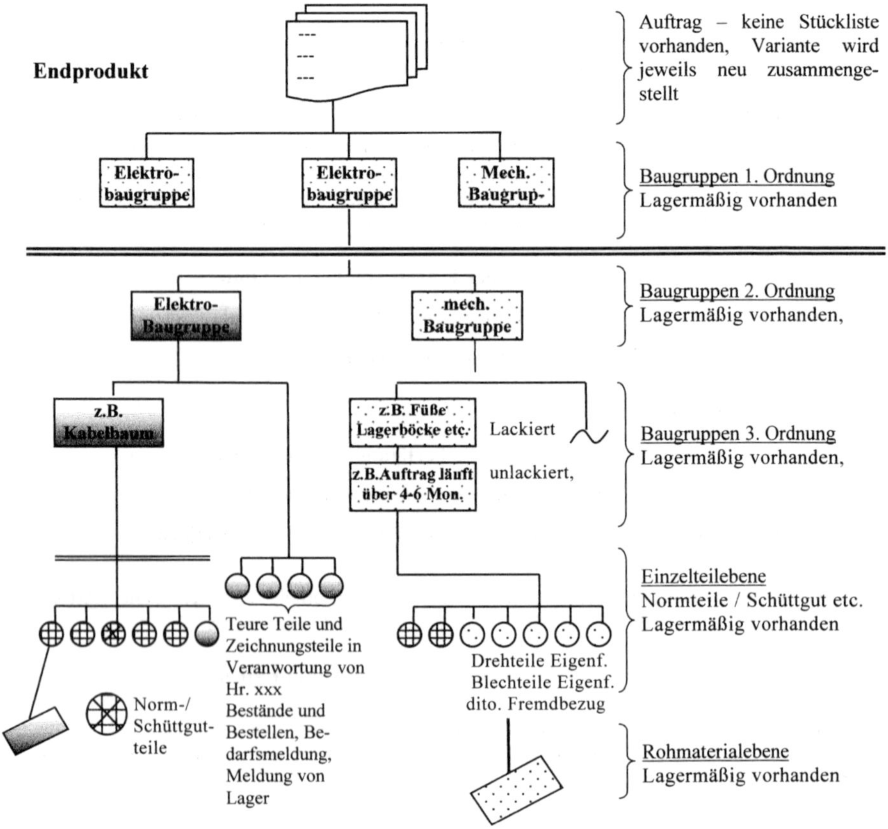

Dieser viel zu fein gegliederte Stücklistenaufbau und nach dem Verrichtungsprinzip gegliederte Zuordnung von Tätigkeiten / Verantwortlichkeiten auf verschiedene Personen, bedeutet:

- ⇨ Die Durchlaufzeit für Disposition und Beschaffen ist viel zu lange

- ⇨ Der Lagerist nimmt alle Teile 4 x 2 (Zugang / Abgang) = 8 x über alle Ebenen, in jeweils anderen Veredelungsstufen in die Hände. Die Buchungen vervielfachen sich.

- ⇨ Die Bestände werden um das drei- bis vierfache als notwendig nach oben getrieben.

- ⇨ Nach Bereitstellen und Durchführen eines Arbeitsganges wird wieder gelagert.

- ⇨ Die Teile / Baugruppen werden x-fach transportiert, ein- / ausgelagert, was der Qualität nicht gerade dienlich ist.

- ⇨ Wiederholteile die in mehreren Baugruppen vorkommen, sind in zwei bis drei Ebenen eingebaut und auch lose, einzeln vorhanden - treibt die Bestände in die Höhe.

- ⇨ Es entstehen lauter Einzeloptimas und kein Gesamtoptima. Gesamtoptima soll bedeuten, es ist alles für z.B. 100 Varianten vorhanden (nicht mehr / nicht weniger, außer Schüttgut und sonstigen Billigteilen). Das Denken in Wellen kann nicht eingerichtet werden.

- ⇨ Letztendlich fühlt sich niemand für das ganze Produkt / für den Auftrag voll verantwortlich. Jeder kann alles auf einen anderen schieben, wenn z.B. etwas fehlt, wenn ein Auftrag nicht rechtzeitig fertig wird.

- ⇨ Es wird viel zu viel Papier, in Form von Betriebsaufträgen erzeugt, was insgesamt die nicht wertschöpfende Arbeit in der AV nach oben treibt.

- ⇨ Der Vorteil ***„Kurze Lieferzeiten zum Kunde“*** kann auch über flache Stücklisten und geänderte Organisationsform in Disposition und Fertigung erreicht werden.

Siehe Abschnitt „Schaffen von Auftragszentren“, „Ein Disponent ist für eine komplette Produktgruppe, über alle Ebenen verantwortlich“, „Disponent wird Beschaffer“, sowie nachfolgende Beschreibungen „Bilden von Fertigungsteams, produkt- und prozessorientiert ausgerichtet“ und Einführen des Kunden - Lieferantenprinzips „KANBAN-Organisation“.

5.7 Bilden von Fertigungsgruppen/-teams, eingebettet in eine flexible Fertigungsorganisation mit hoher Produktivität und Termintreue nach KANBAN-Regeln

Das Ziel *„kurze Durchlaufzeiten, hohe Produktivität und Termintreue, Nullfehler–Teile“* kann besser, schneller mit niederen Beständen durch 3 KANBAN-Regelkreise (eventuell vier, also Einbinden Teilefertigung und Lieferant in Gesamtsystem), die nach dem Kunden–Lieferanten–Prinzip, also nach KANBAN-Regeln funktionieren, erreicht werden.

Schemadarstellung der Regelkreise:

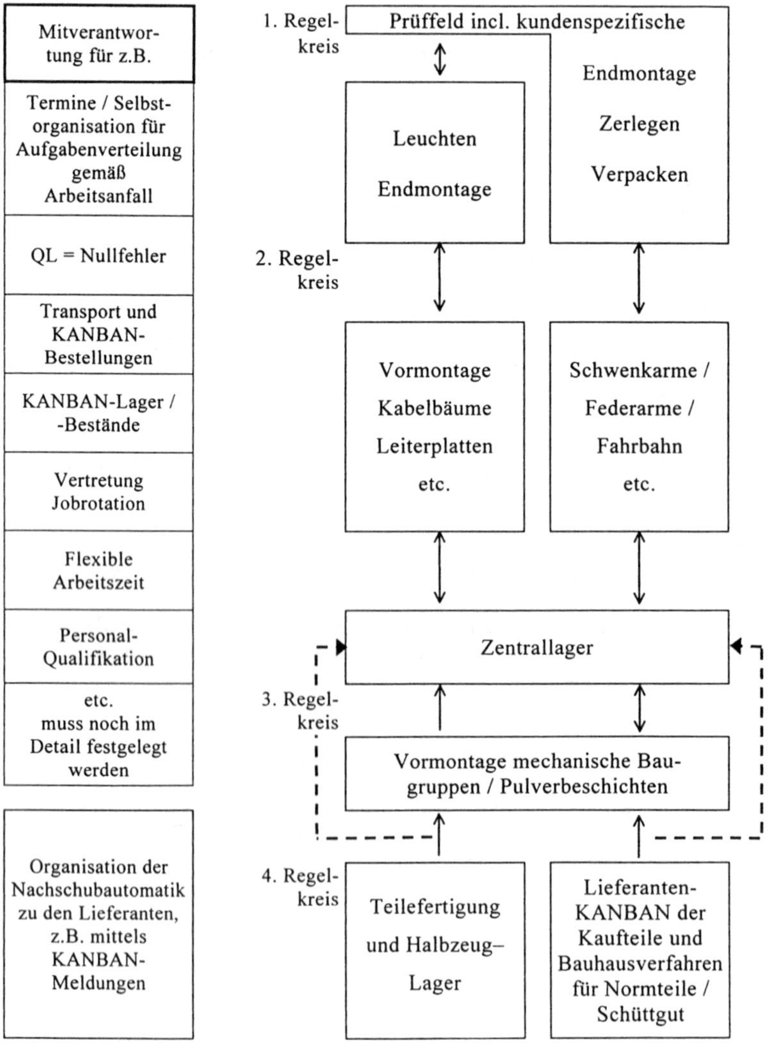

Innerhalb dieser Fertigungszellen wird es möglich, die Abarbeitung der Kundenaufträge vom Verrichtungsprinzip in ein Fließprinzip, ohne Betriebsaufträge (Kunden-Lieferanten-Prinzip) über den gesamten Arbeitsablauf hoch flexibel zu steuern. Damit ist die Entscheidungskompetenz für die termingerechte Fertigungserstellung der Kundenaufträge, incl. der Nachschubautomatik, komplett in die Hände der Fertigung, hier Montage / Vormontage und Lager, gelegt.

Ausser einer hohen Produktivität und Flexibilität, die aufgrund des Wegfalls von sogenannten *„nicht wertschöpfenden Tätigkeiten“* bei Gruppenarbeit entsteht, verkürzt sich die Durchlaufzeit wesentlich. Auch das Auftreten von Fehlteilen / fehlende Baugruppen läuft gegen Null, bei gleichzeitiger Senkung der Bestände.

Für die Montage und Vorfertigungsbereiche des Unternehmens ergibt sich somit im Detail folgender

- Stücklistenaufbau (flache Stücklisten)

und folgende

- Neuausrichtung der Fertigungsorganisation nach KANBAN-Regeln,
  gegliedert nach Produkt- und Montagegruppen, prozessorientiert ausgerichtet

Bild 5.6: *Schemadarstellung Stücklistenaufbau (konventionelle Organisation)*

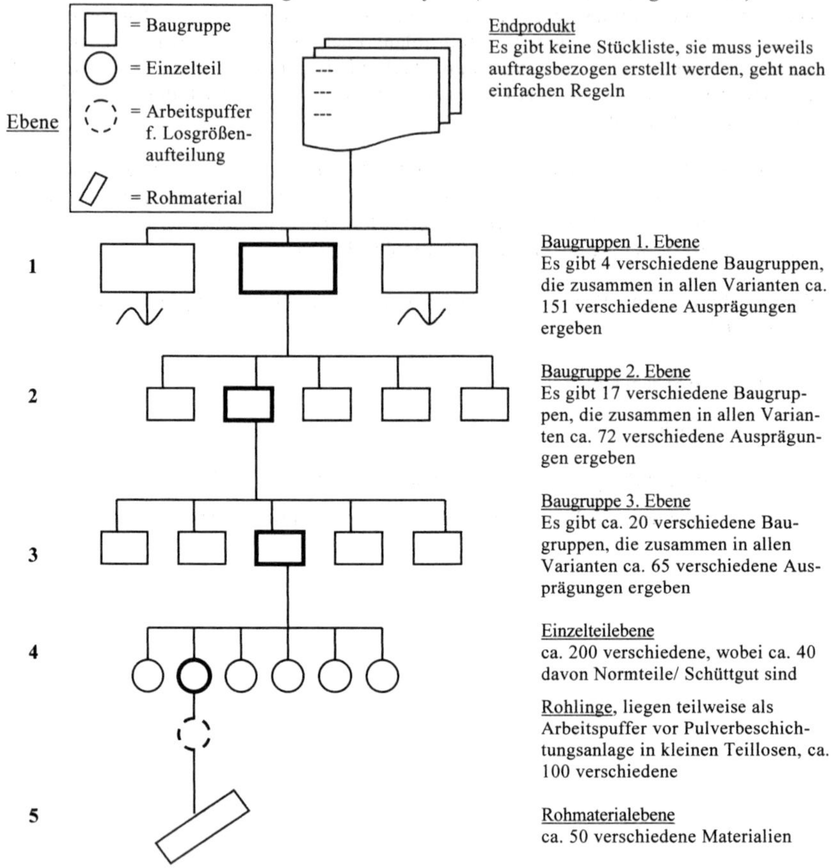

Bild 5.7: *Schemadarstellung Stücklistenorganisation (KANBAN - Organisation)*

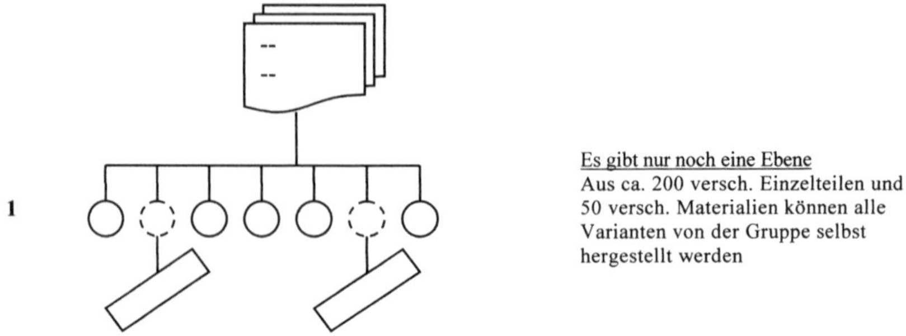

Neuausrichtung der Fertigungsorganisation und der Produktions- und Montageabläufe nach Produktionsgruppen und nach KANBAN-Gesichtspunkten

Bild 5.8: *Schemadarstellung - Einteilung der Fertigungen / Montagegruppen und KANBAN-Abläufe*

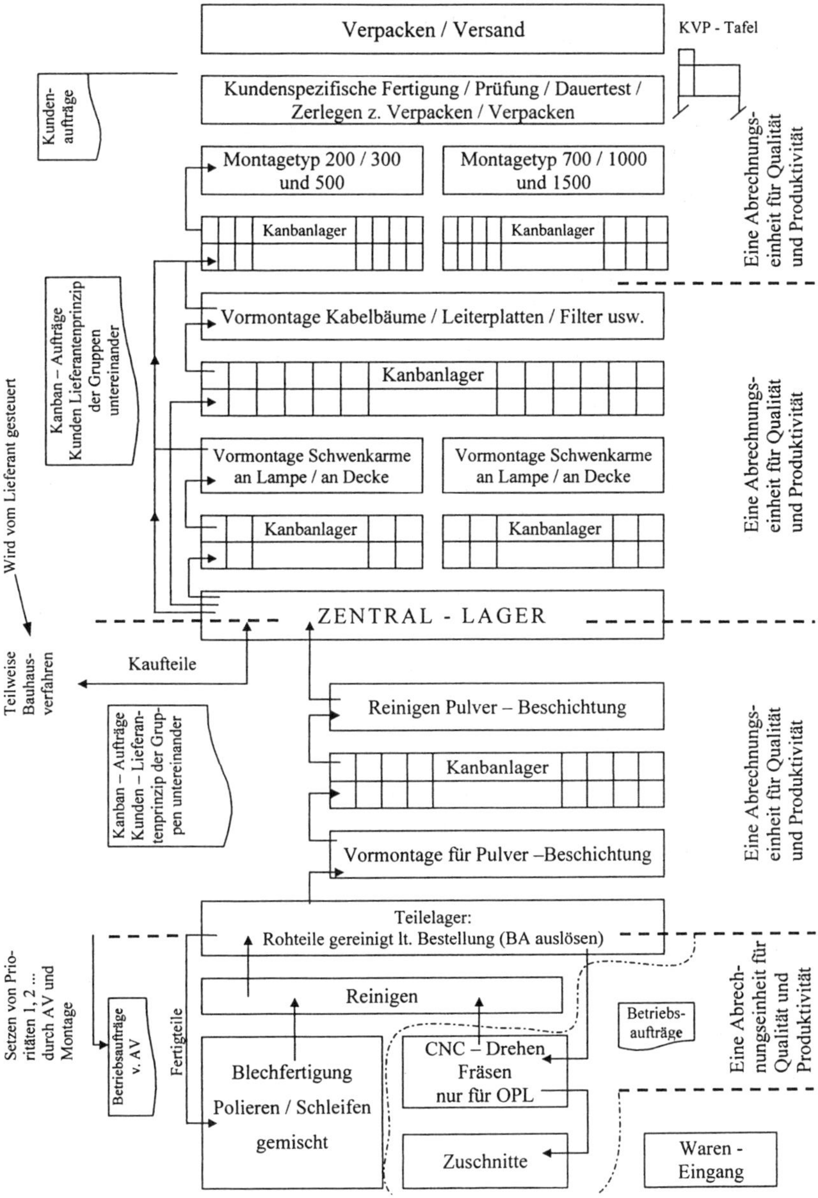

5.8 KANBAN-SYSTEM

5.8.1 Funktionsbeschreibung KANBAN-System

Die Funktionsfähigkeit und der Aufbau eines KANBAN-Systems kann am besten nach folgenden Grundsätzen dargestellt werden:

1. Es existiert ein Informationskreis zwischen einer Fertigungsgruppe und seinem vorgelagerten Pufferlager. Das Informationshilfsmittel ist die KANBAN-Karte.

2. Das KANBAN-System arbeitet nach dem Ziehprinzip, d.h. der Anstoß für einen Arbeitsgang oder Auftrag wird durch einen leeren Behälter ausgelöst.

3. Bei der Einführung des KANBAN-Systems befinden sich in allen Lägern für jedes Teil mindestens zwei gefüllte KANBAN-Behälter.

4. Jeder KANBAN-Behälter ist mit einer KANBAN-Karte versehen. Auf dieser KANBAN-Karte befinden sich alle wichtigen Informationen, wie KANBAN-Menge, Fertig-, Teile - Nr., Behälterart, Lagerort und Empfängerlager.
   (Siehe Musterabbildung)

5. Wird nun ein Behälter z.B. in einem Fertigwarenlager leer, so kommt dieser Behälter in das Montagelager und muss von der Montage wieder mit montierten Artikeln aufgefüllt und an das Fertigwarenlager zurückgeliefert werden (spätestens ein Tag später).

6. Durch diesen Montagevorgang werden ein oder mehrere Einzelteil-Behälter in der Montage leer und müssen dann von dem Zentrallager mit z.B. Rohlingen aufgefüllt werden und an die, dem Zentrallager nachgeschaltete Teilefertigung zur Bearbeitung MONTAGEFERTIGUNG gegeben werden. Spätestens ein Tag später müssen die bearbeiteten und montagefähigen Teile im Montagelager, in der geforderten KANBAN-Menge, eintreffen. Montagefähige Kaufteile gehen direkt vom Zentrallager an das Montagelager, in der geforderten KANBAN-Menge.

7. Da von jedem Teil mindestens zwei gefüllte KANBAN-Behälter vorhanden sind, und sofort wenn einer dieser Behälter geleert wurde der Anstoß zum Füllen des Behälters, mittels KANBAN, gegeben wird, ist der Warenkreislauf und damit die Lieferbereitschaft gesichert.

Somit kreisen zwischen vor- und nachgeschalteten Fertigungsgruppen eine Reihe von KANBAN-Karten mit den entsprechenden Behältnissen und es entsteht eine reibungslose Nachschubautomatik die sich selbst steuert. Die Anzahl der KANBAN-Kreise hängt davon ab, inwieweit die Produktion eines Artikels aufgesplittet werden kann. Im nachfolgenden Bild wird ein KANBAN-Modell mit einer Teilefertigung und deren Endmontage dargestellt, ausgehend von einem Zentrallager für Rohlinge und Einzelteile.

Das Zentrallager selbst wird über die EDV im Rahmen einer Langfristplanung mit Wochenraster geführt und ergibt die Bedarfe als Betriebsaufträge/Bestellungen. Die tatsächliche Fertigung, z.B. der Rohlinge gemäß Betriebsauftrag, ergibt sich jedoch aus den Abgängen für das Fertigteillager in der höheren Ebene. Anhand der Reservierungen werden jedoch Kapazitätsübersichten, sowie Engpassdarstellungen gemäß den Planzahlen verarbeitet.

Wichtige Varianten dieses KANBAN-Grundsystems sind:

a) Für Zukaufware wird anstatt eines sogenannten Fertigungs- oder Transport-KANBANS, ein Lieferanten-KANBAN benutzt. Dieses KANBAN gilt gleichzeitig als Bestellschein, wobei es noch die gewünschte Lieferzeit und den entsprechenden Lieferanten beinhaltet.

b) Werden außer den genannten zwei Behältern (Mindest-KANBAN-Menge) weitere Behälter eingesetzt, so muss der Bestellpunkt durch einen zusätzlichen KANBAN-Hinweis an den Behältern oder an den Lagerfächern deutlich gemacht werden. Dies erreicht man am besten, indem die KANBAN-Behälter stapelweise aufgestapelt sind und durch entsprechende Farbgebung das entsprechende KANBAN, das die Neufertigung auslösen sollte, also den Mindestbestand darstellt, und somit in der vorgelagerten Stufe den Produktionsprozess auslösen soll.

Wird nur das normal übliche KANBAN-System in der Zweibehälter-Rotation benutzt, so ist die Kistenmenge so ausgerechnet, dass Wiederbeschaffungszeit plus Sicherheitsbestand dann die entsprechende KANBAN-Menge ergibt.

Eine wichtige Voraussetzung für die erfolgreiche Einführung von KANBAN ist, dass die Losgrößen eines Artikels über längere Zeiten in etwa konstant bleiben, dass eine flexible Arbeitszeitregelung vorhanden ist, und dass die für das KANBAN-Prinzip notwendigen Ordnungsprinzipien von den Mitarbeitern in der Fertigung und in den KANBAN-Lägern eingehalten werden.

Der große Erfolg des KANBAN-Systems liegt darin, dass Bestände radikal gesenkt werden und eine automatische Nachschubautomatik in Gang gesetzt wird, wodurch der Warenkreislauf und die Lieferbereitschaft gesichert ist.

Allerdings erfordert der erfolgreiche Einsatz des beschriebenen Systems gleichzeitig eine Umorganisation in der Fertigung, durch z.B. Einrichten von Fertigungszellen oder produktorientierte Linienfertigungen. Dies ist wichtig, denn in der Fertigung selbst muss sich jeder Mitarbeiter mit diesem System identifizieren und muss mit dem Ablauf vertraut gemacht werden.

Demzufolge sollten die Vorbereitungen für die Einführung in Form von Schulungen und mittels Pilotprojekten mit äußerster Sorgfalt durchgeführt werden.

Die Einführung des Gedankengutes Lean-Production mit Selbststeuerung und Fertigungszellen erleichtert jedoch die Einführung des KANBANS.

Hinweis: KANBAN-Teile können nur solche Teile sein, die mindestens alle vier Monate einmal angefasst werden, also Verbrauch vorhanden ist.
Aufträge die größer einer KANBAN-Menge sind, müssen wie normale Betriebsaufträge mit Liefertermin / Auftragsbestätigung erfasst und an Kunden bestätigt werden. Grund: Riesenaufträge saugen das System leer, das KANBAN-System bricht zusammen.

Bild 5.9: *Darstellung KANBAN - Modell*

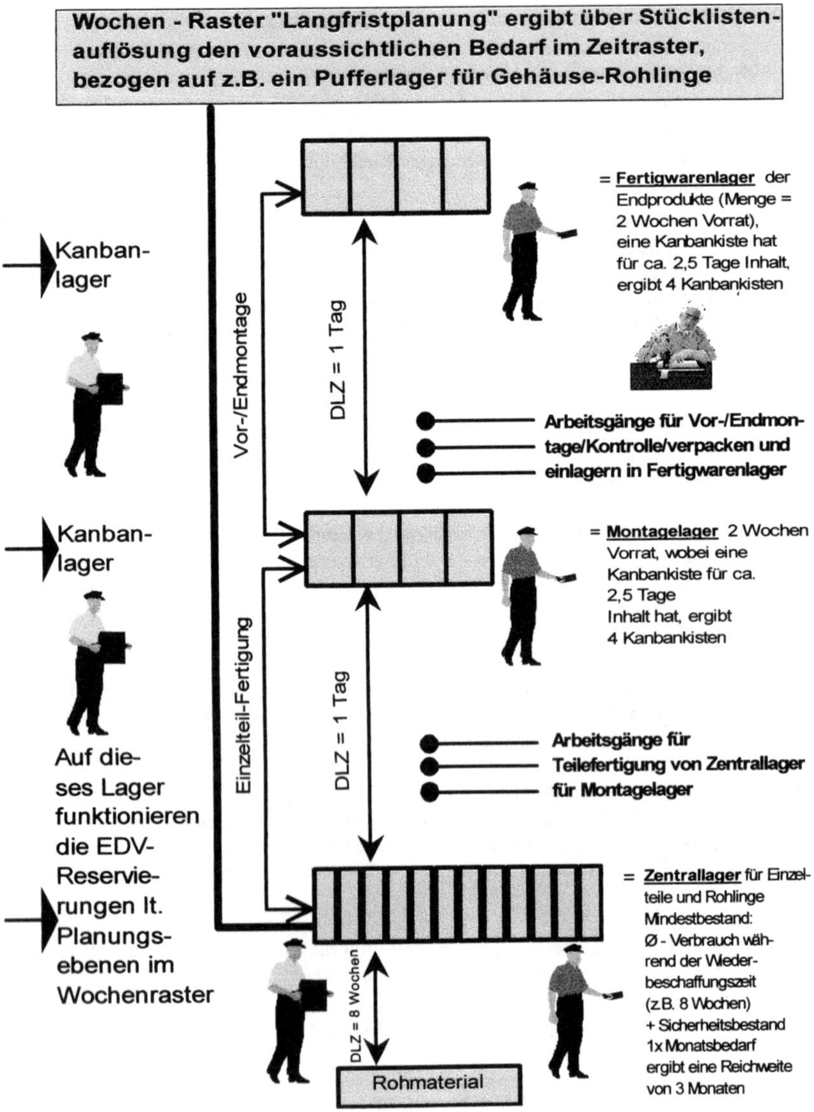

Bild 5.10: *Muster KANBAN - Beleg*

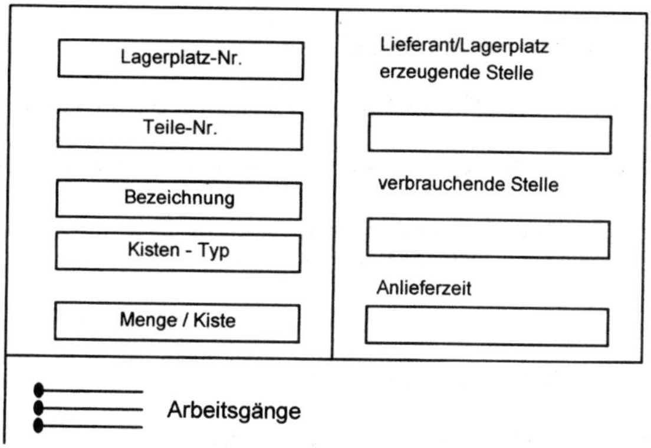

Bild 5.11: *Darstellung Kanban-Bewegungen*

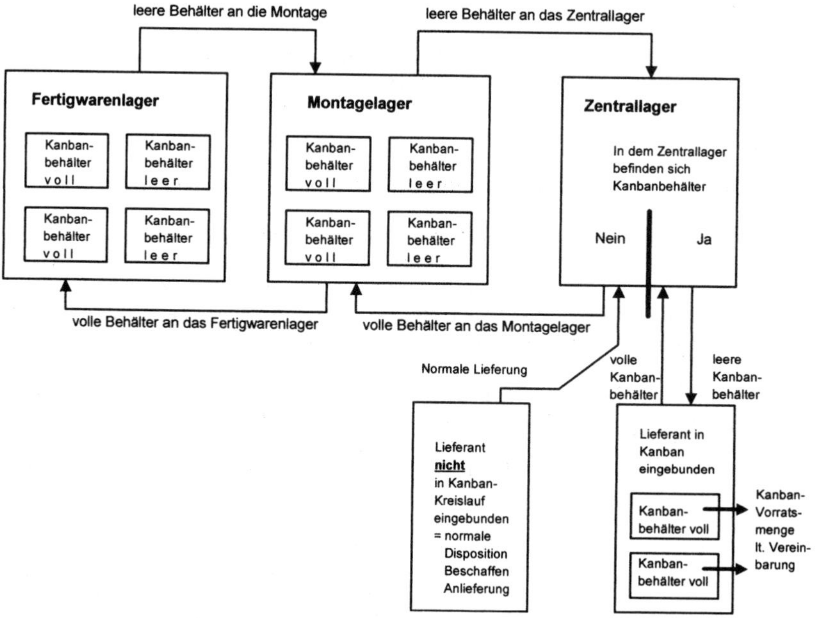

5.8.2 KANBAN - SPIELREGELN

A) Für die Mitarbeiter in den Fertigungsteams

1.) Teile werden nur in festen Mengen/Standardbehältern gelagert und transportiert

2.) Jedem standardisierten KANBAN-Behälter ist eine KANBAN-Karte zugeordnet

3.) Bei Entnahme des ersten Teiles aus einem Behälter, ist die Nachlieferung mit Hilfe der zugeordneten KANBAN-Karte auszustoßen

4.) Ohne KANBAN-Karte keine Fertigung, kein Arbeitsprozess, kein Transport

5.) Die Anzahl der KANBAN-Karten darf nicht eigenmächtig verändert werden

6.) Nur vollständige KANBAN-Behälter mit fehlerfreien Teilen dürfen weitergegeben werden.
Nullfehler - Organisation/Mitarbeiter - Selbstkontrolle

7.) KANBAN-Termine müssen 100 % eingehalten werden
KANBAN-Aufträge haben immer Priorität 1 (= höchste Priorität / Intercity-System)

8.) Die KANBAN – Auslastungstafeln müssen einwandfrei geführt werden, bei Engpässen Meldung an Vorgesetzte

B) Für die EDV, das PPS-System und die Organisation im Auftragszentrum

1.) Es muss eine Langfristplanung über x Monate eingerichtet werden, die je nach Zeitraum, monatlich bzw. wöchentlich, den echten Bedarfen angepasst wird und die mittels sogenannter Planläufen in Form von Abtastverfahren prüft, ob die im Zentrallager/beim Lieferant befindlichen Vorräte/Aufträge den Bedarf abdecken (Abtasten der voraussichtlichen Nachfragemengen).

2.) Das PPS-System muss so umgestellt werden, dass Entnahmebuchungen im Zentrallager auf ein Produktionslager umgebucht werden und von dort bei Buchung „Fertigwarenlager-Eingang“, die Abgänge über eine sogenannte retrograde Stücklistenauflösung/-Bedarfsrechnung abgebucht werden (Mehrfachlagerortverwaltung).

3.) Sofern für die Vorstufen Betriebsaufträge oder Lieferantenbestellungen/-abrufe erzeugt werden, erhalten diese keine festen Start- bzw. Endtermine, sondern werden von den verantwortlichen Disponenten nach Reichweiten eingesteuert (Lieferkapazität der Vorstufe ermitteln, gegebenenfalls anpassen).

4.) Da in einem KANBAN-System kein Abriss in der Materialversorgung entstehen darf, muss sichergestellt sein, dass in irgendeiner Vorstufe soviel gelagert ist, dass dort alle Bedarfsschwankungen aufgefangen werden können (z.B. beim Lieferant), oder die Produktion ist so leistungsfähig und flexibel, dass sie allen Schwankungen nachfahren kann (Toleranz/Frequenz, Überwachung anhand der KANBAN-Eintragungen).

5.) Die KANBAN-Karten müssen mittels einem KANBAN-Stammdatenblatt (in der EDV oder per PC) nach

- Anzahl Karten (Sollmenge)
- Anzahl Frequenzen

kontrolliert und gegebenenfalls angepasst werden. (Sind Liefermöglichkeiten und Nachfragemengen noch im Einklang?)

6.) Aufträge von Kunden, die gleich oder größer sind als die gesamt gelagerte KANBAN-Menge, werden nicht mehr über KANBAN gefahren, sondern ergeben einen normalen Betriebsauftrag mit Arbeitspapieren und Start- / Endtermin.

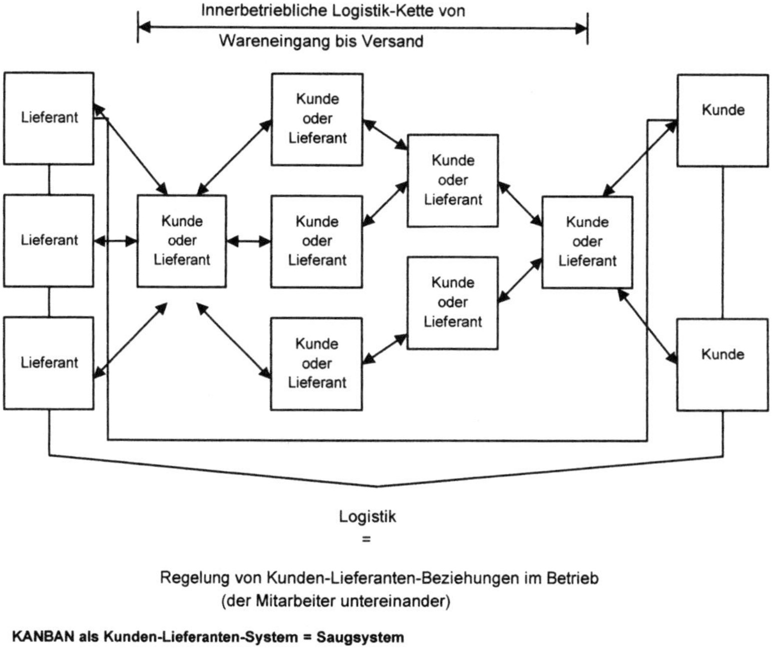

KANBAN als Kunden-Lieferanten-System = Saugsystem

Prozesskettenvergleich Fremdbeschaffung konventionell / KANBAN

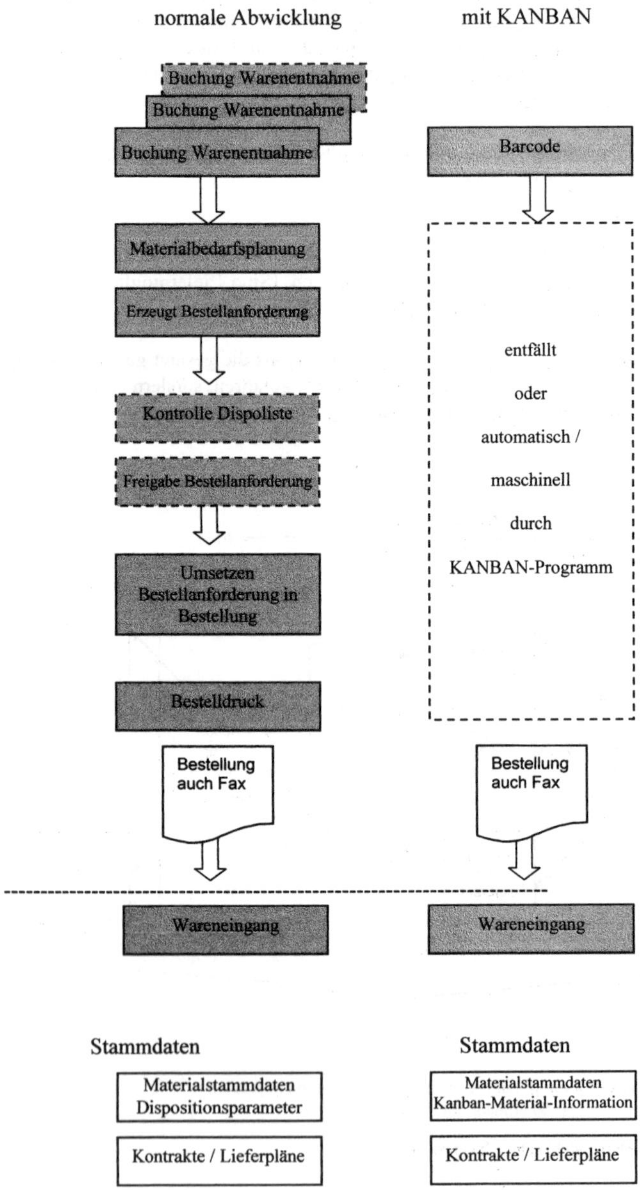

Quelle: *SAP-Walldorf*

5.8.3 Bestimmung von KANBAN-Mengen

Für die Festlegung von KANBAN-Mengen (eine KANBAN-Menge entspricht dem Inhalt einer Kiste), haben sich in der Praxis folgende zwei Formeln bewährt:

A) Berechnung mittels mathematischer Statistik

1. Ø – Verbrauch während der Wiederbeschaffungszeit $\overline{X}$
2. plus 1 Standardabweichung $+ 1\ S$
3. Menge 1 Kiste = 1 + 2 = 3 = ________

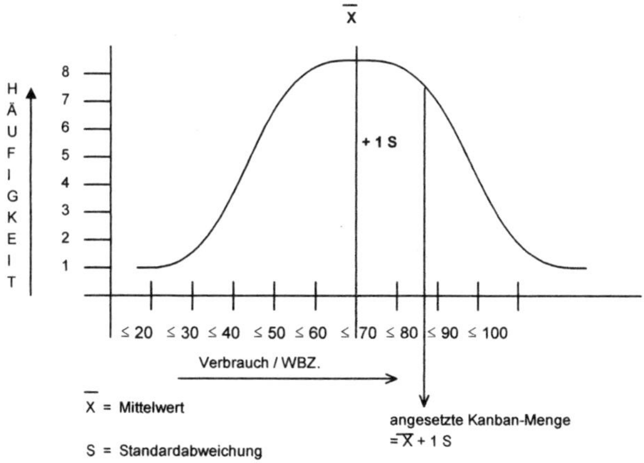

oder

B) Berechnung nach Durchschnittsverbrauch

1. Ø – Verbrauch während der Wiederbeschaffungszeit Ø
2. plus 100 % Sicherheit + Ø
3. Menge 1 Kiste = Ø – Verbrauch während der WBZ x 2 = ________

oder

C) Bedarf für eine Woche lt. Fertigungskapazität o.ä.

Hinweis: Für die Wiederbeschaffungszeit bei Fertigungsteilen wird entweder eine mit der Fertigung festgelegte Zeit in Tagen bestimmt, oder es wird die reine Fertigungszeit Ta, ohne Liegezeiten, verwendet.
Bei Kaufteilen gemäß Absprache mit Lieferant, siehe KANBAN – Rahmen – Vereinbarung
Es werden immer zwei Kisten vorrätig gehalten. Als Menge einer Kiste, kann auch Mindestbestand = rote Markierung an einer Wand, an einem Behältnis angesehen werden. Menge von zwei Kisten = Bestandsobergrenze = grüne Markierung

Achtung: **Die Wiederbeschaffungszeiten und Mengenvorgaben müssen 100 % eingehalten werden, sonst kann Abriss entstehen.**
KANBAN-Aufträge haben immer höchste Priorität / Intercity-System

5.8.4 Bestimmung Anzahl Behältnisse / KANBAN-Karten

Damit die Funktionsweise eines KANBAN-Systems grundsätzlich erhalten bleibt, sollten in der Praxis

a) maximal 4 Behältergrößen (Schäferkisten)
b) maximal 2 Palettenarten
c) maximal 2 Gitterbox-Größen

eingesetzt werden.

Für die Bestimmung der Anzahl Behältnisse und somit auch Anzahl KANBAN-Karten, ergibt sich somit folgende Schrittfolge:

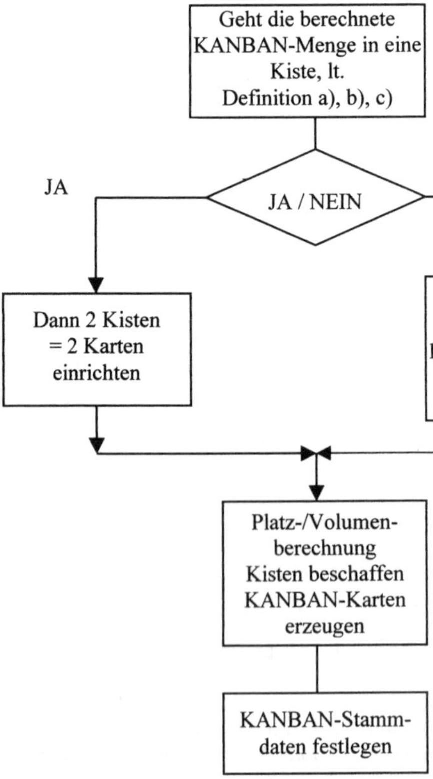

Bild 5.12: *Muster einer KANBAN-KARTE*

Vorderseite:

KANBAN-Karte	Karten-Nr.:	1	
	Anz.-Karten:	3	
Lieferstelle:	Blechraum / Säge		
Sachnummer:	**64 25 465**		(Strichcode) 2156548984654324532
Kurzbezeichng.:	**Kabelabfangschiene**		Bild
Behälter:	Blechkiste 500x250x200		
Transportmittel:	Hubwagen		
Ablieferplatz:	Vormontage	Station: 20	
Lagerplatz:	SAB 47 11 02		
Menge:	**100**	Lieferzeit: 3 Arbeitstage	
Material:	C-Profil 98 03 533		

Arbeitsfolgen:	Arbeitsfolgen:	Zeit:
1. Sägen (Länge 170 mm) 2. Entgraten 3. Bohren / Lochen 4. Versenken 5. Schleifen		4,5 Std.

Rückseite:

Abgabe-datum	Menge	Personal-nummer	Empfangs-datum	Abgabe-datum	Menge	Personal-nummer	Empfangs-datum

Um die Frequenzen, die gefertigten Mengen, sowie die Anzahl erstellter / in Umlauf befindlicher KANBANS kontrollieren zu können, wird von jedem Teil das über KANBAN geführt wird, eine sogenannte KANBAN-Stammdatenkarte eingerichtet. Auf ihr (im EDV-System) werden alle wichtigen Daten erfasst, die erkennen lassen, ob:

- ⇨ KANBAN-Mengen erhöht / vermindert oder
- ⇨ die Anzahl KANBANS erhöht / vermindert

werden müssen, oder

- ⇨ ob KANBAN-Karten verloren gehen

Außerdem wird hier festgelegt, wer für die Erzeugung von KANBANS, bzw. Pflege der Stammdaten verantwortlich zeichnet.

5.8.5 Stücklistenaufbau bei einer KANBAN-Organisation

Schemadarstellung Stücklistenaufbau (konventionelle Organisation)

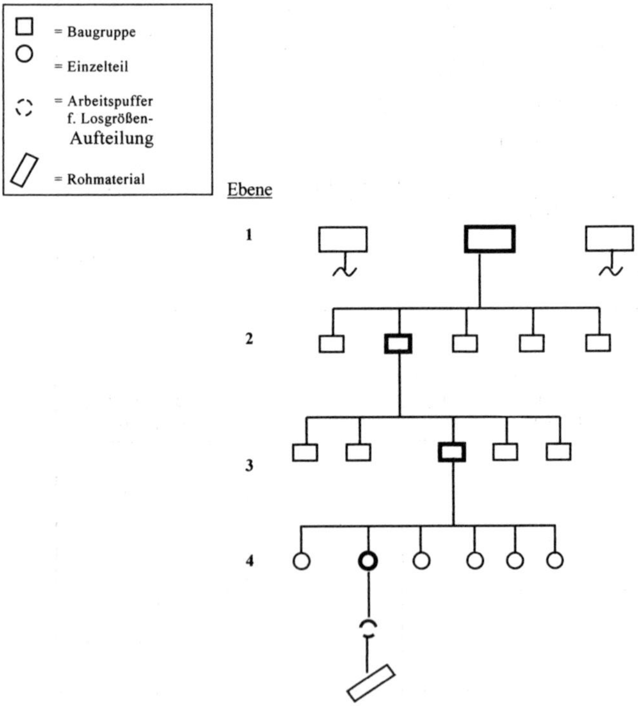

Schemadarstellung Stücklistenorganisation (KANBAN - Organisation)

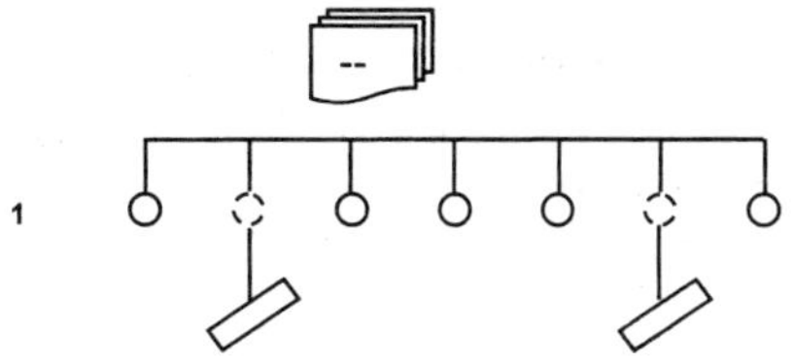

5.8.6 Führen von Auslastungsübersichten bei KANBAN-Organisation

Da bei einer KANBAN-Organisation die Einhaltung der Lieferzeit, die in Tagen auf dem KANBAN angegeben ist, unbedingt zu 100 % eingehalten werden muss, ist es erforderlich, dass entweder mittels

- Bildschirmübersicht

  oder

- KANBAN-Gruppentafel

die Auslastung der Fertigungsgruppen vor Ort visualisiert wird.

Mittels eigener Zeitdispositionen (Voraussetzung flexible Arbeitszeit ist eingeführt), müssen eventuelle Über-/Unterauslastungen aufgefangen werden.

Die Führung dieser Übersichten läuft nach folgenden Regeln ab:

Es gibt zwei verschiedene Auslastungsübersichten

- Gruppentafel A, wenn keine KANBANS zu größeren Losen gesammelt werden
- Gruppentafel B, wenn mehrere KANBANS zu einem größeren Fertigungslos gesammelt werden sollen

Bild 5.13: *Beispiel KANBAN-Fertigungs- und Auslastungstafeln / Übersichten je Fertigungsgruppe*

Schemadarstellung: KANBAN-VERSIONEN

A) Gruppentafel Typ A bei Produktion und Lieferung spätestens 1 Tag nach KANBAN-Karten-Eingang

Organisation der Gruppenarbeit, wenn keine KANBAN-Karten zu größeren Losen gesammelt werden.

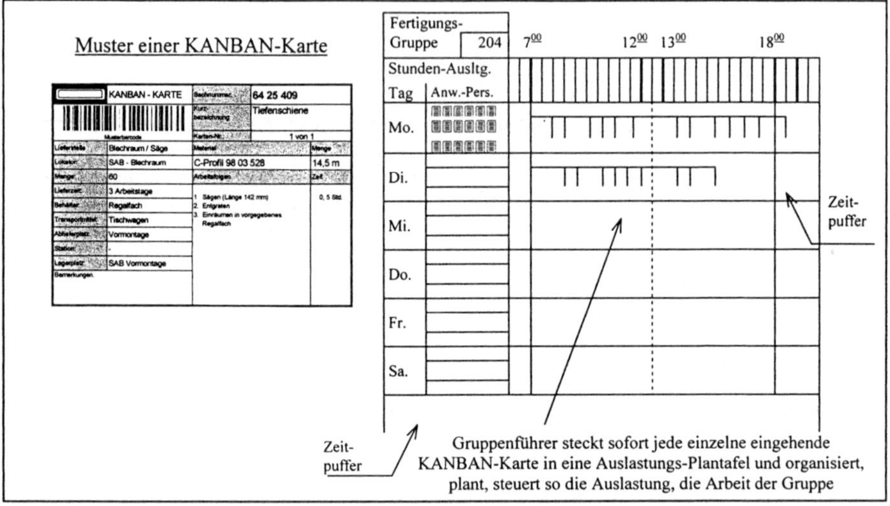

B) Gruppentafel Typ B bei Sammeln von KANBAN-Karten

Organisation der Gruppenarbeit, wenn mehrere KANBAN-Karten zu einem größeren Fertigungslos gesammelt werden können.

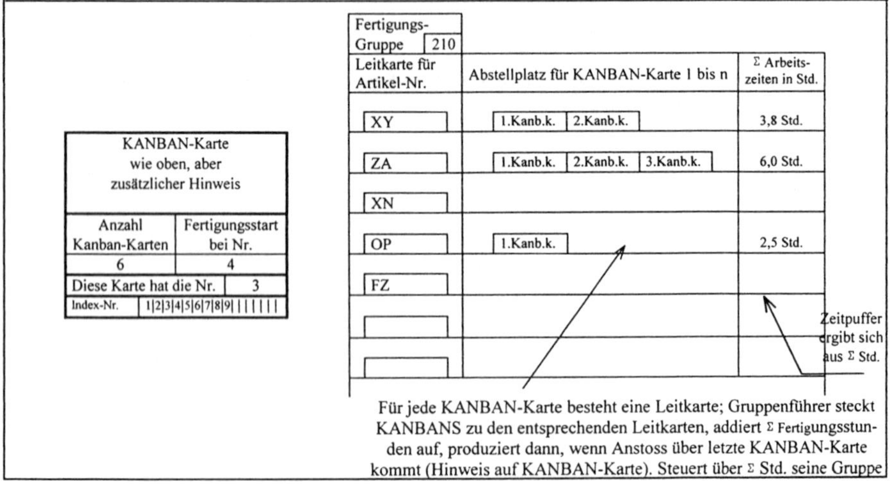

Beschreibung der Handhabungsregeln

Plantafel A

(Zeitraumbezogene Fertigung / kein Sammeln zu größeren Losen)

Der Plantafel-Typ A dient zur Einteilung der Fertigung von Artikeln, bei denen eine KANBAN-Menge in einem Behälter untergebracht ist (Kartennummer 1 oder 2 von 2).

Beschreibung des Ablaufes:

Die KANBAN-Karte wird vom Verbraucher, wenn der Behälter leer ist, in den entsprechenden Briefkasten des Lieferanten gesteckt und die Kiste an den entsprechenden Abholort gestellt. Der Verantwortliche der Arbeitsgruppe leert den Briefkasten zweimal täglich und teilt die Fertigung nach Lieferzeit durch Stecken der Karte in einen bestimmten Liefertag ein. Dabei spielt die Zeit, an der die Karte bei der Gruppe ankommt, eine wichtige Rolle:

Kommt die Karte vor 12 Uhr, und die Lieferzeit beträgt 1 AT, dann ist die Karte auf den Nachmittag des selben Tages zu stecken, und zu diesem Zeitpunkt ist der Auftrag auch zu produzieren / zu liefern.

Kommt die Karte nach 12 Uhr an, und beträgt die Lieferzeit auch 1 AT, dann muss die Karte auf den Vormittag des folgenden Arbeitstages gesteckt werden.

Beträgt die Lieferzeit 2 AT, wird die Karte auf den nächsten Tag gesteckt.

Bei 3 oder mehr Arbeitstagen Lieferzeit, kann auf den nächsten, den übernächsten oder auf einen späteren Tag geplant werden. Der späteste Zeitpunkt ist der Tag vor dem Liefertermin.

Wichtig: *Der Liefertermin ist immer 100 % einzuhalten!*

Anhand der Menge der gesteckten Karten pro Tag, sowie der sich daraus ergebenden Auslastung, ist somit für die Gruppe die Arbeitsmenge für den/die nächsten Arbeitstag/e ersichtlich. Es kann entsprechend disponiert werden.

Arbeitsgruppe		Zeitachsen →												
Stunden – Auslastung		6.00	6.30				12.00	12.30				17.00		18.00
Tag	Anwesende Personen						Pause							
Montag														
Dienstag														
Mittwoch														
Donnerstag														
Freitag														
Samstag														

Sammeltasche / Briefkasten

Beschreibung der Handhabungsregeln

Plantafel B

(Artikelbezogen für Mehrkistensystem / es wird zu größeren Mengen gesammelt)

Die Plantafel B dient zur Einteilung des Fertigungszeitraumes für Artikel bei denen die KANBAN-Mengen in mehrere Kisten aufgeteilt sind. Dabei ist der Start auf der KANBAN-Karte im Feld **Starten bei** zu beachten. Die Zahl gibt an, nach der wievielten Karte mit der Fertigung unbedingt begonnen werden muss.

<u>Beschreibung des Ablaufes:</u>

Nach Erhalt der KANBAN-Karte steckt der Verantwortliche der Arbeitsgruppe die 1. Karte links beginnend in die entsprechende artikelbezogene Zeile der Spalte „Ablage für KANBAN-Karte 1 bis n“. Das Feld Artikel dieser Zeile ist mit der Artikelnummer beschriftet. Kommt nun die 2. Karte des gleichen Artikels, wird sie rechts von der ersten Karte angeordnet, in dieselbe Zeile gesteckt. Es werden so lange Karten gesteckt, bis die auf der Karte angegebene Kartenzahl (Start bei X) erreicht ist.
Diese Karte kommt in das Feld „Start“. Nach dem auf der letzten Karte angegebenen Liefertermin in Tagen, richtet sich nun der Fertigungstermin für den jeweiligen Artikel.
Die Summe der Auftragszeiten der einzelnen Karten wird in das Feld „Summe der Auftragszeiten“ eingetragen.

Der gleiche Vorgang wiederholt sich in anderen Zeilen für andere Artikel.

Bei Unterauslastung kann auch mit der Fertigung einzelner Karten begonnen werden, auch wenn das volle Los noch nicht erreicht ist. Durch Zusammenfassen gleicher Arbeitsgänge oder Abläufe von verschiedenen Artikeln, kann hier selbständig eine rationelle Arbeitsweise eingeteilt werden (z.B. bilden von Rüst-Teilefamilen), um Rüstzeiten zu sparen.

Wichtig: *der Liefertermin ist immer 100 % einzuhalten*

Anhand der Eintragungen „Stundensumme aller Auftragszeiten“, kann die Gruppe ebenfalls die Auslastung erkennen und entsprechend disponieren.

Arbeitsgruppe			Summe der Auftragszeiten
Artikel-bezeichnung	Ablage für KANBAN-Karte 1 bis n	**Start**	
Artikel A	1. Karte 2. Karte 3. Karte	4. Karte	
Artikel B	1. Karte 2. Karte	3. Karte	
Artikel M	1. Karte		
Artikel N	1. Karte 2. Karte		
Artikel R	1. Karte		
Artikel nn			
Sammeltasche / Briefkasten			

5.9 Dispositionsrichtlinien in einem schlanken und flexiblen Unternehmen mit niederen Beständen und kurzen Durchlaufzeiten

Aus den beschriebenen Kriterien ergibt sich somit für alle an Disposition, Beschaffung und Lagerhaltung folgende tabellarisch dargestellte Dispo-Richtlinie nach Teileart, die eine Sicherstellung der Materialverfügbarkeit auf niederster Bestandshöhe, bei gleichzeitiger Gewährleistung einer hohen Flexibilität und Lieferfähigkeit zum Kunde gewährleistet.

Bild 5.14: *Berechnung / Festlegung der Bestellmengen gemäß Stammdatenfestlegung*

<table>
<tr><td rowspan="3">Wertigkeit</td><td colspan="4">ZUSATZ DISPO KENNZEICHEN</td></tr>
<tr><td colspan="2">Wiederholteil/-material ①</td><td rowspan="2">Sonderteil für 1 Kunde oder nur für 1 Artikel ②</td><td rowspan="2">Sonderteil ③</td></tr>
<tr><td>Abrufaufträge möglich</td><td>Abrufaufträge <u>nicht</u> möglich</td></tr>
<tr><td>A</td><td>Menge lt. Abstimmung mit Vertrieb
Monat →
1 | 2 | 3 | 4
wöchentliche Abstimmung mit echtem Bedarf (ATMEN)</td><td>Feste Bestellmenge (maximal für Reichweite 3 Monate)</td><td rowspan="3">In Abstimmung mit Vertrieb festzulegen Reichweite maximal 6 Monate</td><td rowspan="3">Reine Auftragsmenge + ___ % für Ausschussanteil</td></tr>
<tr><td>B</td><td>Bedarf für maximal 2 Monate Reichweite
$\frac{\text{Bestellm.+Best.}}{\text{Ø-Verbr./Mo.}} = \_\_\_$</td><td>Feste Bestellmenge (maximal für Reichweite 4 Monate)</td></tr>
<tr><td>C</td><td>Nach wirtschaftl. Losgröße:
$\sqrt{\frac{200 \times \text{Jahresm.} \times \text{Rüst-/Beschaffungskosten}}{8\% \times \text{EK oder HK}}}$</td><td>Feste Bestellmenge (maximal für Reichweite 5-6 Monate)</td></tr>
<tr><td>D</td><td>KANBAN-TEIL
KANBAN-MENGE</td><td colspan="3"></td></tr>
<tr><td>E</td><td colspan="2">BAUHAUS-TEIL/-MATERIAL
Automatische Nachschubautomatik
Es gibt keine Bestellmenge, da Lieferant automatisch (wöchentlich/täglich) gemäß echtem Verbrauch (von sich aus) auffüllt/nachliefert</td><td colspan="2"></td></tr>
</table>

6. Einkaufsabwicklung

Der Einkauf ist teilweise ein Bestandteil der Materialwirtschaft, teilweise eine Stabsstelle, die allerdings immer eng mit der Disposition / Arbeitsvorbereitung verbunden ist. Wie kaum in einem anderen Bereich, besteht der Einkauf aus einem Großteil von Routinearbeiten. Durch Schlankheitskuren erstickt er häufig in verwaltenden und administrativen Aufgaben und kann somit fast nichts mehr für eine höhere Wirtschaftlichkeit des Unternehmens tun, was im Gegensatz zu dem Schlagwort liegt:

„Im Einkauf liegt bereits der Gewinn".

Bild 6.1: *Gewinnbringende, strategische Einkaufsarbeit und zeitraubende, operative Routinearbeiten*

Gewinnbringende, strategische Einkaufsarbeit	Zeitraubende, operative Routinetätigkeiten
• Lieferanten bewerten	Bestellwesen / Beschaffen
• Hauptlieferanten auswählen	Auftragsbestätigungen verwalten
• Einkaufsverhandlungen führen	Rechnungsprüfung / kontieren
• Neuteile beschaffen	Schreibarbeiten
• globale Einkaufsmöglichkeiten prüfen	Stammdatenpflege
• Abbau von Geschäftsvorgängen in Einkauf, Beschaffen, Wareneingang, Lager, also unbürokratisches Verhalten / Liefern erreichen	Terminreklamationen bearbeiten QL-Reklamationen bearbeiten

Bei konventionell aufgebauten Organisationsformen (Einkauf – Beschaffen liegt in einer Hand) ergibt sich die Verbindung zwischen Disposition und Einkauf durch die bearbeiteten und weitergeleiteten Bestellvorschläge von Disposition an Einkauf. Die Disposition und der Einkauf benutzen dieselben Artikelgrunddaten. Bestellauftragsnummern werden sowohl im Beschaffungssystem als auch in der Lagerbestandsführung verbucht.

Ein weiteres Bindeglied ist die Meldung von Veränderungen der Wiederbeschaffungszeiten (Pflege der Wiederbeschaffungszeiten).

Anhand des vorliegenden Bestellvorschlages werden vom Einkauf die Bestellungen durchgeführt.

Basis hierfür ist die zuvor erfolgte Anfrage bzw. die Auswahl des Lieferanten nach der zuvor beschriebenen Lieferantenauswahl. Sofern aus Termingründen nicht auf den Hauptlieferant zurückgegriffen werden kann (Schnellschuss) kann der Preis bzw. die Standardvorgehensweise zur Lieferantenauswahl keine Gültigkeit mehr haben.

Als wichtigstes Kriterium steht dann die Einhaltung des gewünschten Termins im Vordergrund. Meist zu Lasten des Preises. Die Bestellungen werden heute meist nach Aufbereitung über Telefon oder Telefax an den Lieferanten weitergeleitet.

In der weiteren Verantwortung des Einkaufs liegt auch das Mahnwesen, also

➔ die Bestellüberwachung mit Anmahnung:

- ausstehender Auftragsbestätigung
- ausstehende Lieferung

wobei aus Gründen der Prioritätensetzung von Lieferanmahnungen in der Praxis als höchste Priorität aller Anmahnungen gelten, deren Meldebasis über eine sogenannte **Rückstandsliste** laut Lagerbereitstellung bzw. Fehlteileliste laut Verfügbarkeitskontrolle vor Auftragsfreigabe im Betrieb hat. Je kürzer die Reichweite, je höher die Prioritätennummer.

Merke: Je kürzer die Lagerbestandsreichweite, je höher die Prioritätennummer!

Diese Prioritätenregelungen haben sich bewährt, da dann der Lieferant die Rückstände liefert, die auch kurzfristig für die Fertigung benötigt werden.

Nach Liefereingang erfolgt die Prüfung nach

→ Menge und sachlicher Richtigkeit

über den Wareneingang

→ die Qualitätsfreigabe

über die Qualitätskontrolle

→ die Zugangsbuchung über das Lager

Danach erfolgt im Einkauf die Rechnungsprüfung, sachlich, preislich, das Kontieren, und gibt die Rechnung gemäß Zahlungsbedingungen und gewünschtem Liefertermin für die Finanzbuchhaltung zur Zahlung frei.

6.1 Einkaufsberichtswesen

Der Einkauf sollte monatlich bzw. über EDV nach Einzelabruf folgende Berichte / Statistiken aufbereiten:

- Aufzeigen der Preisentwicklung nach Lieferanten und Artikel (Einkaufserfolg)
- Periodische ABC-Analyse des wertmäßigen Bestellvolumens aller Einkaufsartikel
- Periodische ABC-Analyse des wertmäßigen Bestellvolumens aller Einkaufsartikel nach Lieferanten

und als wesentlichster Punkt

- eine monatliche Auflistung des Bestellobligos nach Terminen geordnet.

Diese Auflistung dient der Buchhaltung als Unterlage für die zukünftigen Zahlungsverpflichtungen bzw. dem Controlling als Basis zur Gewinnung von Kennzahlen, z.B.

Einkaufswert in % zum Umsatz,

um Grenzen im Einkaufsvolumen vorgeben zu können (Liquiditätsplanung), sowie welche Ergebnisse im Verhältnis zu den gesetzten Zielen bisher erreicht wurden, Beispielaufzählung:

- die Anzahl Lieferanten jährlich zu reduzieren
- die Anzahl Einzelbestellungen zu reduzieren
- die Anzahl Abrufe zu erhöhen
- die Anzahl Lieferanten die für uns Vorräte halten, jährlich zu erhöhen
- das KANBAN-System jährlich auszuweiten
- Lieferanten bei denen wir nur C- oder D-Kunde sind völlig auszuscheiden (optimale QL und Termintreue ist ausschlaggebend)
- eine 100 % - Versorgung bei optimaler Umschlagshäufigkeit zu erreichen
- einen jährlichen Einkaufserfolg von X € erzielen (Einkaufserfolg zu theoretischem Warenkorb)
- Gemeinkosten permanent zu reduzieren
- Komponenten einkaufen
- Kosten pro Bestellung / pro Lieferant zu reduzieren
- Senken der durchschnittlichen Lieferzeit in Tagen

also

durch permanentes Lieferantenmanagement

eine permanente Verbesserung von Qualität, Service in Produktion,

Technik und Belieferung zu erreichen.

6.2 Die Bedeutung des Einkaufs in einer flexiblen, termintreuen Just-in-Time-Fertigung / Lieferantenauswahl und Bewertung

Der Einkauf ist, wie erwähnt, verantwortlich für eine wirksame Zusammenfassung aller Einkaufsaufgaben der Materialwirtschaft unter Berücksichtigung der Einkaufspolitik, der Preis- und Terminziele, des Einkaufsbudgets und der Berichtsauflagen.

Unverzichtbar ist auch der Einsatz einer leistungsfähigen, transparenten und in das Gesamtsystem passende Einkaufssoftware, die die zeitraubenden Routineaufgaben beschleunigt oder sogar ganz erledigt, also die prozentuale Verteilung der Tätigkeiten im umgekehrt werden müssen.

Bild 6.2: *Prozentuale Verteilung der Tätigkeiten im Einkauf, heute bzw. zukünftig*

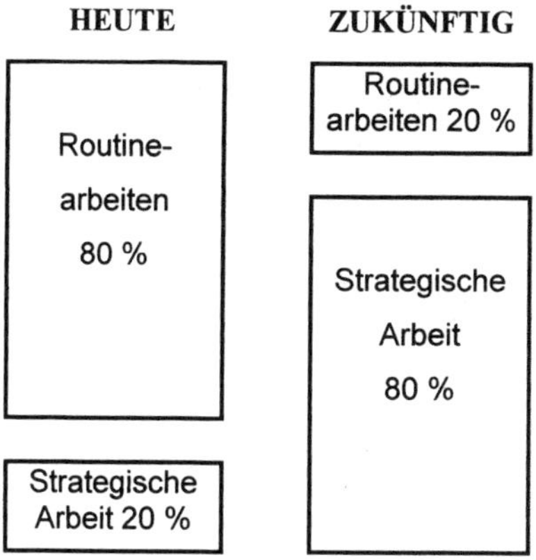

In einem schlanken, zukunftsorientiert geführten Unternehmen, werden die Einkaufstätigkeiten deshalb wie folgt neu organisiert:

Die Einkaufsarbeit wird aufgeteilt in eine

a) operative Tätigkeit

b) strategische Tätigkeit.

6.3 Operative Einkaufstätigkeit

Unter operativer Einkaufstätigkeit versteht man das Beschaffen. Diese Tätigkeit wird im Auftragsabwicklungszentrum / dem Produktions- / Führungsteams / dem jeweils zuständigen Disponenten (gegliedert nach z.B. Artikel- / Produktgruppen) übertragen mit dem Ziel, die gesamte Auftragsabwicklung weiter zu beschleunigen.

Voraussetzung ist:

Der Einkauf hat im Rahmen seiner strategischen Arbeit

a) den Hauptlieferant

b) den Preis (mit Gültigkeitsdatum)

c) die Wiederbeschaffungszeit

bestimmt.

So kann der Beschaffungsvorgang schnell und unkompliziert, z.B. per Fax oder KANBAN-Karte, direkt von Disponent oder Lagerist durchgeführt werden.

6.4 Strategische Einkaufstätigkeit

Die eigentliche Einkaufsarbeit bezieht sich somit auf die so bedeutende Arbeit

den jeweiligen Top - Lieferanten in bezug auf Preis,
Qualität und Termintreue zu finden,

was bedeutet:

Um ein Unternehmen flexibel zu gestalten / zu organisieren, müssen bei wachsender Variantenvielfalt fertige Komponenten eingekauft werden, oder komplette verkaufsfähige Artikel zugekauft werden, da die Artikel im Sortiment erhalten bleiben müssen. Grund: Trotz hoher Flexibilität und Variantenvielfalt müssen Gemeinkosten gesenkt und die hohe Anzahl von Geschäftsvorgängen reduziert werden.

Ziel: 100 % Kundenorientierung muss erhalten bleiben, bzw. noch gestärkt werden.

Die Beschaffungspolitik spielt somit bei der Lieferantenauswahl

a) für neue Teile / Komponenten

b) neue Lieferanten grundsätzlich

eine entscheidende Rolle.

Deshalb gilt:

- bei technisch sehr anspruchsvollen Teilen
- bei Teilen mit hohen Werkzeugkosten } Zeichnungsteile /
- bei größerem Entwicklungsaufwand } A-Teile

den ***Top-Lieferanten*** in bezug auf Preis, Qualität und Termintreue zu haben,

- bei Standardteilen
- bei Teilen mit sehr großen Stückzahlen
- bei interessanten Perspektiven in bezug auf z.B.
  - Währungssituation
  - Lohnniveau
- Rohmaterialpreisen

das ***globale Einkaufen*** mit dem Ziel abgestimmte Qualität / Termintreue mit entsprechenden Logistiklösungen / Versorgungslösungen über z.B. Zwischenlagern, wenn die Entfernungen zu groß sind, anzustreben.

Ziele der Beschaffung

Wobei die wichtigsten Ziele der Beschaffung grundsätzlich sein müssen:

- *Optimale Qualität und Termintreue*
- *Alle Teile auf dem richtigen Beschaffungsmarkt, beim richtigen Lieferanten kaufen*
- *Durch permanentes* ***Lieferantenmanagement*** *eine permanente Verbesserung von Qualität, Service in Produktion, Technik und Belieferung zu erreichen*

  Wozu u.a. auch die Substitution von
  - *Material*
  - *Herstellverfahren*

  gehören kann
- *Eine 100%-Versorgung bei optimaler Umschlagshäufigkeit zu erreichen*
- *Reduzierung der Gemeinkosten*
- *Einkauf von Komponenten*

Mit folgender Aussage:

Wenn obige sechs Ziele der Beschaffung erreicht sind, dann ergibt sich automatisch

- *Wir haben den optimalen Partner*
- *Wir haben den optimalen Preis*

Bild 6.3: *Kriterienkatalog für eine Lieferantenbewertung nach Gewichtungsfaktoren (beispielhafte Aufzählung)*

<table>
<tr><td colspan="3">Kriterium und Gewichtungsfaktor je Kriterium</td><td>Qualität
30</td><td>Preis / Konditionen
15</td><td>Bereitschaft zur Vorratshaltung
20</td><td>Termintreue
25</td><td>Zusammenarbeit insges.
10</td><td>Σ</td></tr>
<tr><td rowspan="5">Bewertungspunkte für das einzelne Kriterium</td><td>Bewertg. Optimal</td><td>Pkte 100</td><td></td><td></td><td></td><td></td><td></td><td></td></tr>
<tr><td>gut</td><td>75</td><td colspan="4" rowspan="2">Errechnung der Bewertungspunkte
$\frac{\text{Gewichtung x Bewertungszahl}}{100}$</td><td></td><td></td></tr>
<tr><td>befr.</td><td>50</td><td></td><td></td></tr>
<tr><td>noch akzeptabel</td><td>25</td><td></td><td></td><td></td><td></td><td></td><td></td></tr>
<tr><td>eher schlecht
ungenügend</td><td>10
0</td><td colspan="6">⇩ ⇩ ⇩ ⇩ ⇩
Grenze zur Ablehnung bei Erreichen dieser Beurteilungspunkte bereits in einem Fall</td></tr>
</table>

Wobei die Kriterien bei Bedarf noch weiter detailliert werden können, z.B. bestehen Kooperationsvereinbarungen als Lieferantenverbund, Produktentwicklung etc.

Das Ergebnis der Auswertungen wird statistisch fortgeschrieben, und die Entwicklung / Trends zu erkennen

Bild 6.4: *Fortschreibung der Lieferantenbewertung*

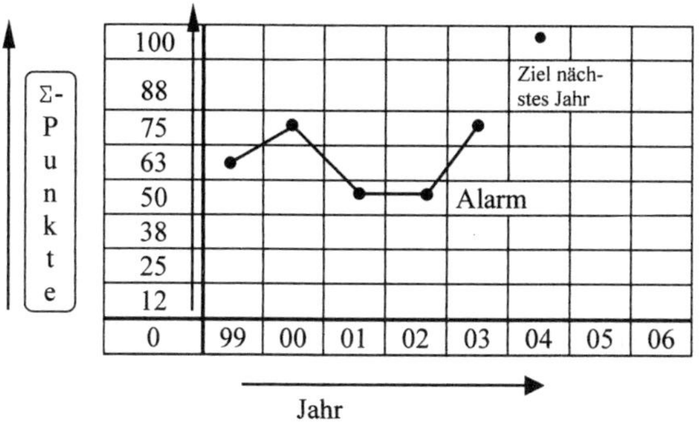

Ergebnisse - Erkenntnisse - Ziele aus der Lieferantenbewertung

Zusätzlich wird eine Ergebnishitliste der Lieferantenbewertung erstellt. Aus Ergebnis der Veränderungen innerhalb der Hitliste und natürlich aus Einzelkriterien erfolgen dann die Einzelentscheidungen

Hauptlieferant ☐ Ja ☐ Nein

Desweiteren erfolgt eine Einteilung der Lieferanten nach Einkaufswert mit dem Ziel bei immer weniger Lieferanten einzukaufen. Die Versorgung für das Unternehmen unter Berücksichtigung aller genannten Kriterien 100%-tig sicherzustellen.

Bild 6.5: *Ziel - Reduzierung der Anzahl Zulieferer*

Lieferant	Sept. 99	Sept. 2000	Sept. 01	Sept. 02	Ziel 03	Ziel 04
A	48	34	35	33	29	25
B	69	52	50	45	42	35
C	170	170	160	140	130	50
Σ	287	256	245	218	201	110

A = über € 350.000,-- p.a.
B = über € 50.000,-- p.a.
C = unter € 50.000,-- p.a.

Wobei insgesamt gesagt werden kann:

- Beide Teile haben einen Vorteil durch Zukauf
- Eine langfristige erfolgreiche Zusammenarbeit ist nur auf der Basis einer echten Partnerschaft möglich
- Den Partner am Erfolg teilhaben lassen, damit er für neue Aktivitäten mit uns motiviert ist.

Zusätzlich sollte mit jedem Lieferant ein sogenanntes Lieferanten - Anforderungsprofil erstellt werden, in dem die Erwartungen und Ziele der Partnerschaft festgehalten sind.

Grund: Kurze Lieferzeiten können, in Verbindung mit niederen Beständen nur erreicht werden, wenn es gelingt, unsere Lieferanten in die gesamte Logistik und Produktionskette mittels Bauhaus- und KANBAN-Systeme einzugliedern (Lieferanten halten für uns Vorräte) und wir haben über EDV Zugriff auf die Bestands-, Bedarfs- und Auftragsfortschrittsdaten der Lieferanten, bzw. Lieferant auf unsere Bedarfsübersichten.

Beispielhafte Aufzählung:

Was erwarten wir von unseren Lieferanten ?

- Nullfehler - Lieferungen in Menge / QL / Kennzeichnung / Verpackung, damit Freipässe erteilt werden können
- schnelle Auftragsabwicklung / pünktliche Lieferung
- wettbewerbsfähige Preise und Konditionen
- Bereitschaft zur Vorratshaltung / KANBAN
- gute Beratung / umfangreiche Serviceleistungen
- unbürokratisches Verhalten auch bei Störungen im Lieferfluss / Helfer in der Not
- verständliche und zuverlässige Informationen
- pünktliche und vollständige Angebote
- kaufmännisch korrektes Verhalten
- Offenlegung der Kalkulationen / der Kalkulationssätze
- Lieferantenverbund

Woraus sich folgender Lieferanten - Leitfaden ergibt:

6.5 Lieferanten – Anforderungsprofil

Grundsätzliches

Mit diesem Leitfaden wollen wir Ihnen Informationen über die Einkaufsstrategie unseres Hauses geben. Wir möchten mit Ihnen den Weg zu einer engen, vertrauensvollen, fairen und partnerschaftlichen Zusammenarbeit definieren, denn ein wesentlicher Punkt unserer zukünftigen Zusammenarbeit ist ein hohes Maß an Flexibilität, Qualitäts- und Termintreue Ihrerseits. Unsere Kunden fordern immer kürzere Lieferzeiten, egal für welche Produkte auch immer. Diese Anforderungen können wir nur mit Ihnen zusammen erreichen.

Ziele

Unser Ziel lautet: 100 %ige Erfüllung aller Forderungen und Wünsche, die unsere Kunden an uns stellen. Dazu ist eine ständige Verbesserung unserer Beschaffung notwendig, damit

- wir ein kompetenter und leistungsstarker Partner zu unseren Kunden sind,
- wir Kosten senken und an den Markt weitergeben können,
- wir Qualität sichern und auch die kürzesten Termine einhalten können,

Zusammenarbeit

Voraussetzungen für unsere gemeinsame Zusammenarbeit sind somit:

- 100 % Qualität,
- absolute Lieferzuverlässigkeit,
- Ihre Bereitschaft zur Vorratshaltung
- Ihre wettbewerbsfähigen Preise
- Ihre Service- und Beratungsleistungen
- sofortige Vorabinformation bei Störungen
- die Offenlegung Ihrer Kalkulationen und Kalkulationssätze

Ihre Leistungen werden regelmäßig mittels beiliegendem Kriterienkatalog von uns bewertet. Die Ergebnisse werden Ihnen zugänglich gemacht, Abweichungen Ihrer und unserer Auswertungen sind die Ansätze für Verbesserungsgespräche.

Lieferzuverlässigkeit

Damit wir unsere Leistungen zu unseren Kunden absolut zuverlässig erbringen können, benötigen wir die pünktliche Anlieferung der Waren zu den in den Bestellungen angegebenen Terminen. Die Mengen-, QL-, Verpackungs- und Versandvorschriften sind unbedingt einzuhalten. Ist abzusehen, dass ein geforderter Liefertermin nicht eingehalten werden kann, ist unser Beschaffer sofort zu informieren. Die Gründe für Lieferverzögerungen müssen analysiert und kurzfristig abgestellt werden. Bei Notfällen sichern Sie alle erforderlichen Maßnahmen zu, die Ware pünktlich zu liefern, damit unsere Kunden zufriedengestellt werden können.

Wettbewerb / Preise

Werden unserem strategischen Einkauf günstigere Preise vom Wettbewerb vorgelegt, erhalten Sie selbstverständlich die Möglichkeit, ihre Preise zu überprüfen. Dies betrifft auch die Offenlegung der Kalkulationssätze.

Zusammenfassung

Unser Einkauf möchte eine langfristige markt- und partnerschaftlich ausgeprägte Zusammenarbeit mit Ihnen, unserem Lieferanten pflegen, die sich an dem Ziel absoluter Zufriedenheit unserer Kunden mit uns, uns somit auch mit Ihnen, ausrichtet. In diesem Sinne sind wir selbstverständlich auch für jede Anregung und Verbesserungsvorschläge Ihrerseits dankbar.

Pforzheim, den ....

Unternehmensberatung
Rainer Weber REFA-Ing.
Im Hasenacker 12

75181 Pforzheim-Hohenwart

6.5.1 KANBAN – Rahmenvereinbarung mit Firma [ ]

über Artikel-Nr.: [ ] Bezeichnung: [ ]

Zeitraum:	Diese Rahmenvereinbarung gilt für die Zeit vom 02.01.xx bis 31.12.xx
Jahresbedarf:	120.000 Stück
Abrufmengen:	3.000 Stück = 1 KANBAN-Menge
Anlieferung:	In den lt. KANBAN-Karte vorgegebenen Behältnissen (Transportbehältnis – Einlagerbehältnis)
Abruftermine:	Wir rufen unseren jeweiligen Bedarf mit KANBAN-Karte per Fax ab. Wir erwarten von Ihnen den Wareneingang innerhalb von 3 Arbeitstagen, bzw. lt. KANBAN-Karten-Angabe
Bevorratung im Unternehmen:	Mindestbestand 12.000 Stück, ab Woche/Jahr 12/xx Gesicherte Abnahmemenge: 90.000 Stück Im Falle von Zeichnungsänderungen oder Kundenstornierungen verpflichten wir uns, die gesicherte Menge abzunehmen.
Wochenleistung:	2.400 Stück
Durchlaufzeit	Um Abrufspitzen abzudecken, sind Sie in der Lage innerhalb von einer Woche den Mindestbestand auf den Höchstbestand = KANBAN-Menge x Anzahl KANBANS = [24.000 Stück] aufzufüllen.
Lagerlisten:	Sie informieren uns regelmäßig alle 2 Wochen über die Bestandssituation.
Qualität:	Die einwandfreie / 0 – Fehler – Anlieferung weisen Sie uns durch den entsprechenden QS-Kontrollbeleg für dieses Teil, sowie den ausgefüllten Wareneingangs- / Quittierbeleg für unsere Warenwirtschaftbuchungen nach. Belege pro KANBAN-Anlieferung.

Ort / Datum

____________________ ____________________

Lieferfirma **Abnehmerfirma**

6.5.2 Detaillierter Kriterienkatalog für eine Lieferantenbewertung

Muster eines Kriterienkataloges für die praktische Arbeit *„Lieferantenbewertung"*

Firma: .... Tel-Nr.: .... FAX-Nr.: ....

Geschäftsverbindung seit: .... Ansprechpartner: ....

Management: ....

	KRITERIEN	Gewichtung	Eigenbew. Lieferant	Punkte	Bewertung Abnehmer	Punkte	Ansätze f. Gespräch mit Lieferant	
Qualität	QL-System in Fa. einger.	5						
	Produktqualität	17						
	Qu-Absicherung Vormat.	1						
	Qu-Sicherstellung in Produktion	5						
	Qu-Prüfg.Endkontrolle	1						
	Qu-Dokumentation	1						
	Zwischensumme QL	30						
Preise/ Konditionen	Preisstabilität	8						
	Offenlegen von Kalkulationen / Stundensätzen	4						
	Wertanalyse-Vorschläge	2						
	Zahlungskonditionen	1						
	Zwischensumme Preise-Konditionen	15						
Bereitsch. zur Vorratshaltung	KANBAN-Prinzip	8						
	Einlagerung mit Sicherheitsbestand	7						
	Lagerung bei Spedition	5						
	Zwischensumme	20						
Lieferungen/ Termintreue	Einhaltung Liefertermin	10						
	Einhaltung Menge	5						
	Kennzeichng. Ware und Papiere	3						
	Verpackung / Versand	2						
	Flexibilität / Helfer in Not	5						
	Zwischensumme Lief.	25						
Zusammenarbeit insgesamt	Anfragebearbeitung	3						
	Produktentwicklung / Beratung	3						
	Abwicklg. Reklamationen	2						
	Lieferantenverbund	1						
	Allg. Kommunikation	1						
	Zwischensumme ZA	10						
Gesamtsumme		100						

Fragenkatalog zur „make or buy“ Entscheidungsfindung		Spricht für Eigen-fertigung	Spricht für Fremd-fertigung
1	Es handelt sich um ein strategisch wichtiges Produkt / Know-how-Teil / Kerntrechnik	X	
2	Es handelt sich um eine Schlüsseltechnologie	X	
3	Eine entwicklungsfähige Technologie vorliegt, bei der sich voraussichtlich eine technologische Führerschaft erreichen läßt	X	
4	Der Technologiestandard und die Innovationsfähigkeit weiter ist als des externen Lieferanten	X	
5	Die Gefahr des Know-how-Verlustes besteht	X	
6	Genügend Kapazitäten für die Realisierung der Eigenfertig. vorhanden sind	X	
7	Die langfristige Markt- und Strukturentwicklung große Kontinuität verspricht	X	
8	Die Prozeßqualität besser ist als bei potentiellen Lieferanten	X	
9	Der Dispositions- und Steuerungsaufwand geringer ist als bei Fremdfertig.	X	
10	Eine Trennung von Entwicklung und Fertigung problematisch ist	X	
11	Eine bessere Koordination aller fertigungswirtschaftlichen Teilvorgänge möglich ist	X	
12	Bedarfsgerechte Losgrößenmengen von der eigenen Firma bereitgestellt werden	X	
13	Man selbst flexibler auf quantitative und qualitative Bedarfsänderungen reagieren kann als der Lieferant	X	
14	Bei Fremdbezug zu lange Durchlaufzeiten entstehen	X	
15	Ein größerer Freiheitsgrad bei der Terminplanung besteht	X	
16	Für die Eigenfertigung Abfälle od. andere Nebenprodukte verwendet werden	X	
17	Entsorgungskosten entfallen		X
18	Die Gefahr besteht, daß fremde Zulieferer zu unmittelbaren Konkurrenten werden	X	
19	Durch einen höheren Eigenfertigungsanteil das eigene Image und damit der Absatz gesteigert wird	X	
20	Konstruktions- und Dokumentationskosten gespart werden		X
21	Der Lieferant die Bestandsführung übernimmt		X
22	Der Lieferant ein Kanban-Prinzip mit uns garantiert		X
23	Unsere Grenzkosten höher sind, als der Einstandspreis beim Lieferant		X
24	Es einen zuverlässigen Lieferanten in bezug auf Liefertreue und Qualität gibt		X
25	Eine Qualitätsverbesserung durch Fremdbezug möglich ist		X
26	Die Arbeitsunterlagen ohne Bedenken aus dem Unternehmen gegeben werden können (Know-how-Sicherung)		X
27	Der Lieferant genügend Flexibilität bezüglich Änderungen besitzt (Helfer in der Not)		X
28	Der Lieferant ausreichende F + E und Beratungskapazität besitzt		X
29	Die innerbetriebliche Logistikkette eine Unterbrechung in der Fertigungslinie zuläßt		X
30	Der Planungs- und Steuerungsaufwand nicht erhöht wird		X
31	Im Unternehmen genügend Lagerkapazität vorhanden ist, falls große Mengen abgenommen werden müssen		X
32	Der Dispositions- und Steuerungsaufwand geringer ist als bei Eigenfertigung (z.B. Komponentenlieferung)		X
33	Transportkosten eingespart werden können / Lagerung bei Spedition		X
34	Der Lieferant leistungsfähigere Anlagen einsetzt		X
35	Die eigene Durchlaufzeit zu lang wäre		X
36	Standardteil mit interessanten Perspektiven bezüglich Lohnniveau, Währungssituation		X
37	Wir sind beim Lieferant C-Kunde	X	
38	Wir sind beim Lieferant A-Kunde		X
39	Der Lieferant einem Lieferantenverbund angehört		X

***Quelle:** TÜV - Rheinland*

6.6 Der Wareneingang als Engpass

Häufig stellt der Wareneingang mit seinen erforderlichen Prüfungen ein Engpass dar, der durch

- seine Mengenprobleme

lange Liegezeiten (2 – 3 Arbeitstage und mehr) erzeugt, die Teile also nicht verarbeitet werden können, obwohl sie im Hause sind; siehe Schemabild Ablauf „Tätigkeiten im Wareneingang".

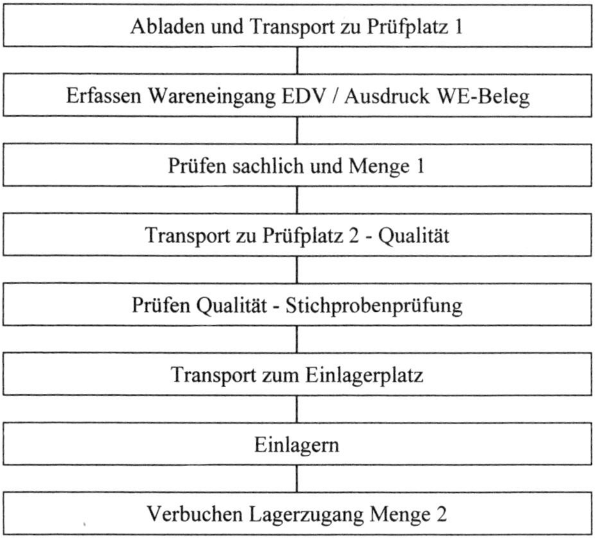

Dieser Taylorismus wird in vielen Unternehmen immer mehr zum Ärgernis, insbesondere deshalb, da die Wareneingangsprüfung eine 100 % nicht wertschöpfende Tätigkeit darstellt.

Auch die Einrichtung einer „schnellen Ecke" (für die bevorzugte Wareneingangsbearbeitung von rückständiger Ware / Eilaufträgen etc.), löst das eigentliche Problem auf Dauer nicht, da mit dieser Lösung nur eine Art Intercity-Organisation für eilige Ware eingerichtet wird. Die tayloristischen Tätigkeitsschritte bleiben erhalten, und andere Ware bleibt durch diese Vorgehensweise länger liegen. Die durchschnittliche Verweildauer im Wareneingang wird also nicht reduziert.

6.6.1 Abbau von Geschäftsvorgängen im Wareneingang

Um Mengenprobleme und lange Liegezeiten, also den gesamten Kontrollaufwand, im Wareneingang in den Griff zu bekommen, wäre zu prüfen in welcher Form

a) eine größere Zahl von Lieferanten sogenannte Freipässe erhalten, was bedeutet, dass die Ware ungeprüft dem Lager zugebucht wird

b) die Lieferanten liefern mit der Ware bereits ausgefüllte und abgezeichnete Kontrollbelege an, die ansonsten im Wareneingangsdurchlauf des Unternehmens erstellt und ausgefüllt werden müssen. Der Lieferant quittiert also selbst. Diese Waren kann dann ebenfalls ungeprüft vereinnahmt werden.

c) Die Lieferanten werden vom strategischen Einkauf entsprechend auditiert. Das Audit gilt einen begrenzten Zeitraum. Innerhalb dieses Zeitraumes wird die Ware ohne jegliche Prüfung eingelagert und zugebucht.

Diese in vielen Firmen mit Erfolg durchgeführten Maßnahmen bedeuten Abbau von Geschäftsvorgängen und sind in Verbindung mit den bereits beschriebenen Bauhaus- / KANBAN-Systemen ein Weg, um den Engpass Wareneingang aufzulösen. Auch das Anliefern von vormontierten Komponenten oder Sets (ein Set ist eine fiktive Baugruppe die der Lieferant nach Vorgabe selbst zusammenstellt und z.B. auf einer Palette entsprechend anliefert) durch den Lieferanten, vermindert den Aufwand im Wareneingang und Lager wesentlich.

Wobei auch das Führen nach Kennzahlen ein wichtiger Ansatz zur langfristigen Situationsverbesserung ist, wie z.B.:

durchschnittliche DLZ der Ware im Wareneingang

durchschnittliche Anzahl kontrolliert WE zu gesamter Anzahl WE

durchschnittlicher Zeitaufwand pro Wareneingangskontrolle

durchschnittliche Kosten eines Wareneinganges

7. Hohe Mitarbeitermotivation auf der Basis einer flexiblen Werkstattorganisation und Gruppenarbeit Eigenverantwortliches Durchsetzen der Aufträge in der Fertigung / in der Fertigungszelle

Leitsatz: Straffung der Produktionsprozesse durch Neugestaltung der Fertigungs- und Montageabläufe, durch Einführung von Gruppenarbeit und Personalqualifizierung. Flexible Fertigungszellen mit erweitertem Dispositionsspielraum verringern die Zersplitterung von Arbeitsvorgängen, verkürzen die Durchlaufzeiten und sichern optimale Entscheidungen vor Ort.

7.1 Wie kann eine Fertigungszelle / eine Fertigungslinie als Team, eingebettet in eine flexible Fertigungsorganisation, aussehen

Um das Ziel „Kurze Durchlaufzeiten, hohe Produktivität, 0-Fehler-Teile" zu erreichen, muss die Fertigung vom Verrichtungsprinzip in ein Fließprinzip geändert werden, mit erweitertem Entscheidungsspielraum für die Meister bzw. Gruppenführer als eine Fertigungskonzeption die im Regelfalle auf zwei getrennten Regelkreisen funktioniert.

a) Für die Vorfertigung / Teilefertigung
als Fertigungszellen die vom Halbzeuglager, Fertigung über alle Arbeitsgänge, bis einlagern montagefähiger Teile, verantwortlich zeichnen. Also auch mit unterschiedlichen Fertigungstechnologien ausgerüstet sind.

Bild 7.1: *Schemadarstellung: Fertigungszelle „Teilefertigung"*

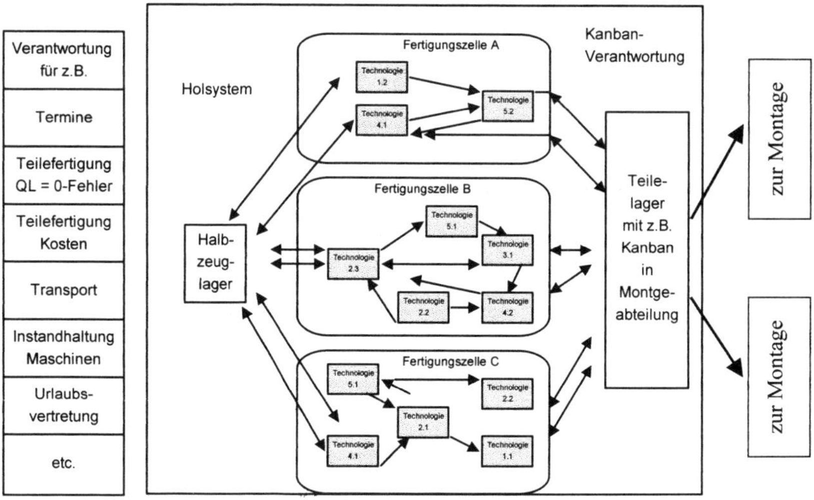

Bild 7.2: *Gesamtübersicht AV-Ablauf und Gruppenarbeit*

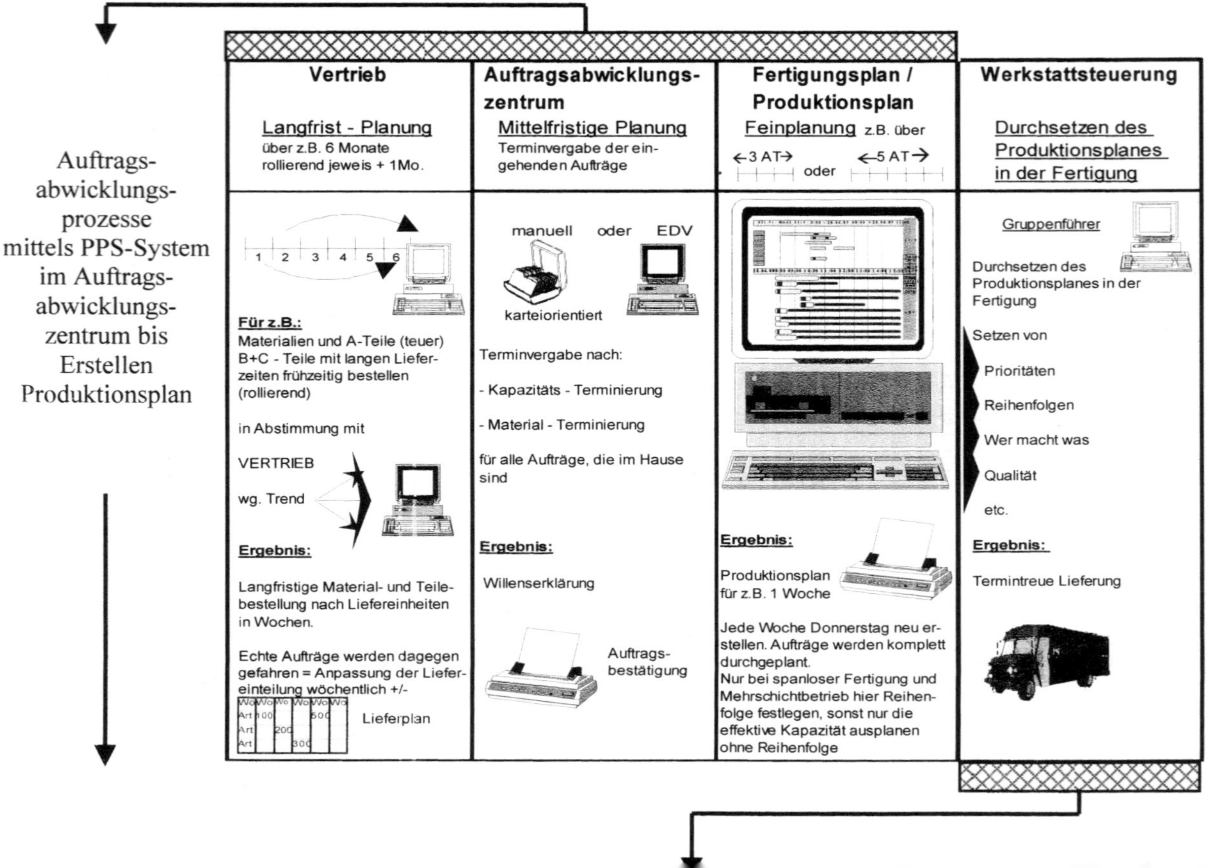

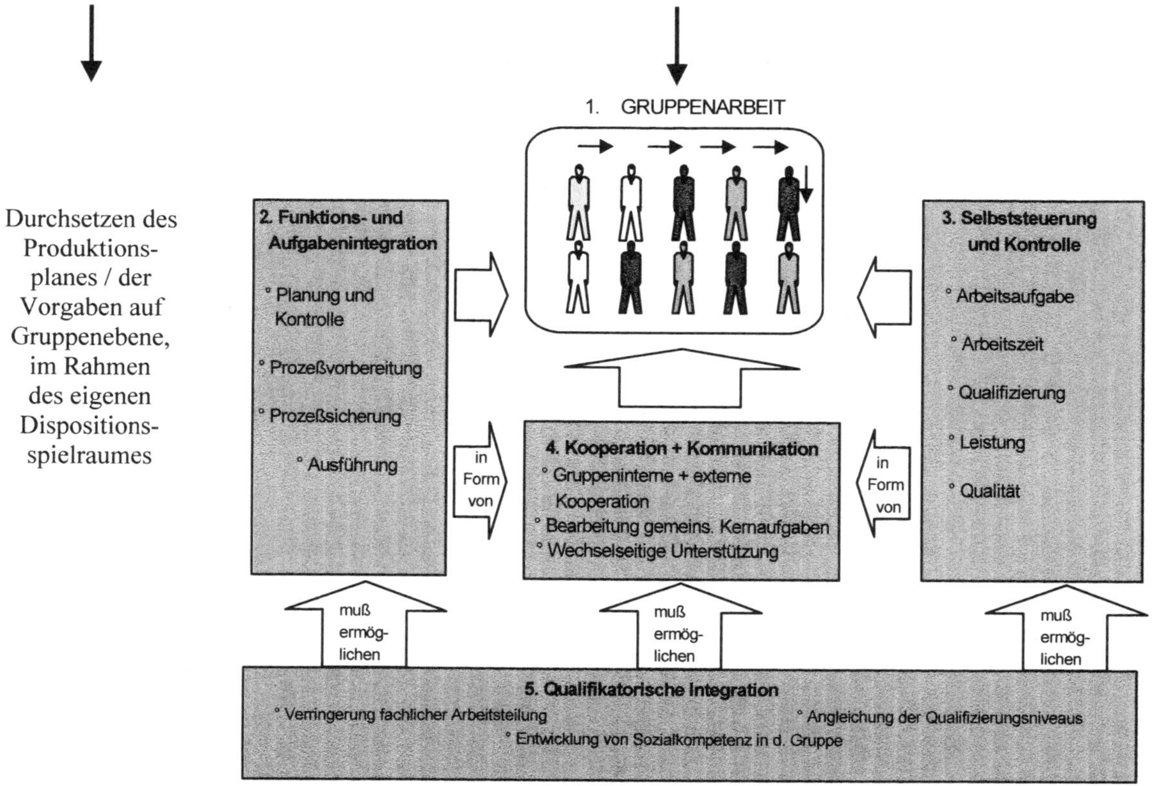
Durchsetzen des Produktionsplanes / der Vorgaben auf Gruppenebene, im Rahmen des eigenen Dispositionsspielraumes
1. GRUPPENARBEIT
2. Funktions- und Aufgabenintegration
° Planung und Kontrolle
° Prozeßvorbereitung
° Prozeßsicherung
° Ausführung
3. Selbststeuerung und Kontrolle
° Arbeitsaufgabe
° Arbeitszeit
° Qualifizierung
° Leistung
° Qualität
in Form von
in Form von
4. Kooperation + Kommunikation
° Gruppeninterne + externe Kooperation
° Bearbeitung gemeins. Kernaufgaben
° Wechselseitige Unterstützung
muß ermög-lichen
muß ermög-lichen
muß ermög-lichen
5. Qualifikatorische Integration
° Verringerung fachlicher Arbeitsteilung
° Angleichung der Qualifizierungsniveaus
° Entwicklung von Sozialkompetenz in d. Gruppe

b) Für die Montage, bestehend aus z.B.

- Vormontage
- Endmontage
- Qualitätssicherung
- Abnahme
- Lager – Transport
- Verpacken
- Versand (teilweise)

Bild 7.3: *Schemadarstellung: Fertigungsinsel für Montagelinie*

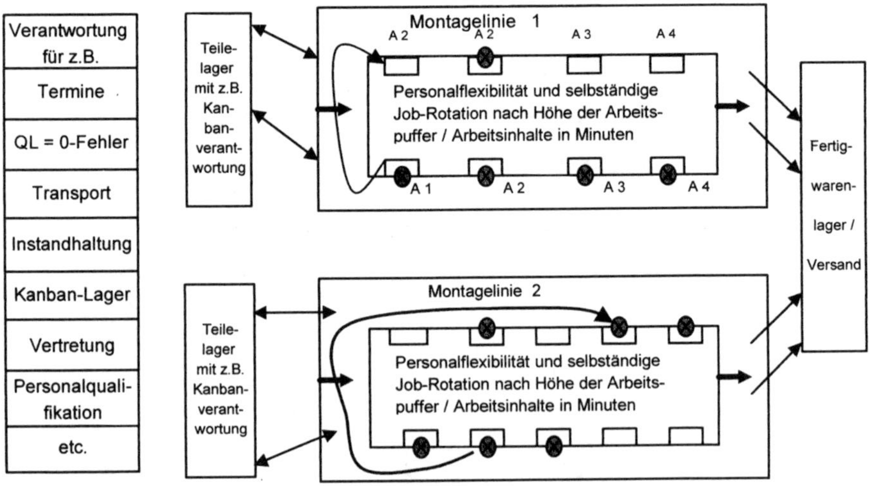

Innerhalb dieser Fertigungszellen / -rohre wird es möglich, die Abarbeitung der Betriebsaufträge von dem Verrichtungsprinzip in ein Fließprinzip umzukehren, indem ein Meister oder ein Gruppenführer innerhalb eines Fertigungssegmentes für den gesamten Arbeitsablauf eines Fertigungsteiles / eines Endproduktes zuständig wird und nicht nur für eine Fertigungstechnologie. Damit ist die Entscheidungskompetenz für die termingerechte Fertigstellung der Betriebsaufträge in die Hände der Fertigung verlagert und kann auch von den Verantwortlichen entsprechend positiv beeinflusst werden.

Voraussetzung ist die zuvor beschriebene Schaffung von Auftragsabwicklungszentren, Planungs- und Dispositionsregeln, denn wenn das Material nicht rechtzeitig im Hause ist, kann nicht gefertigt werden.

Ausser einer höheren Produktivität, die automatisch aufgrund des Wegfalls von sogenannten nicht wertschöpfenden Tätigkeiten bei Gruppenarbeit entsteht, verkürzt sich die Durchlaufzeit zwischen 50 % - 80 %.

7.1.1 Durchlaufzeitreduzierung bei Gruppenarbeit

Beispiel: Durchlaufzeit bei Verrichtungsprinzip zum Unterschied bei Fließprinzip

A) DLZ bei Verrichtungsprinzip

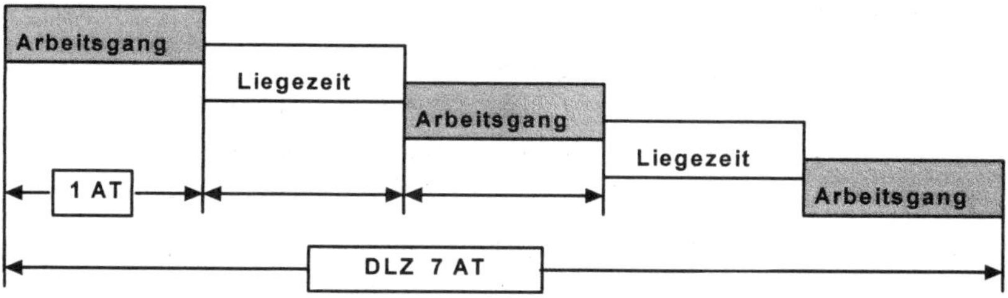

B) Fließprinzip innerhalb einer Fertigungszelle bzw. Fertigungsrohres

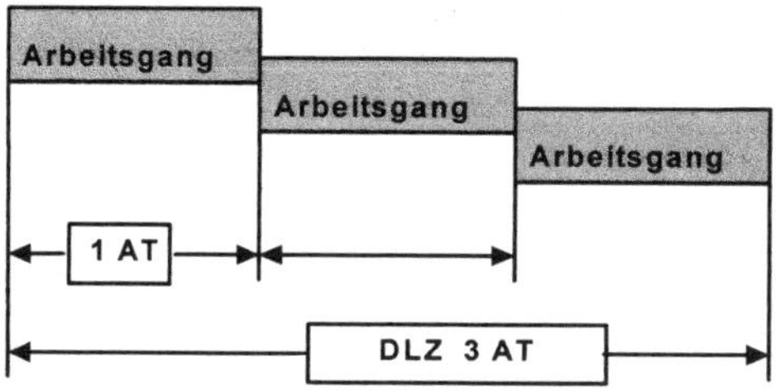

Oder noch besser überlappende Arbeitsgänge unterschiedlicher Fertigungstechnologien durch Zusammenfassung von verschiedenen Arbeitsgängen innerhalb eines Fertigungsrohres durch die Gruppe / das Team selbst. (Das Team organisiert dies selbst.)

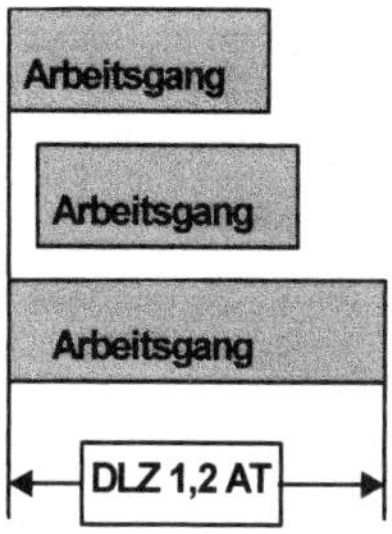

Die Durchlaufzeit reduziert sich bei Gruppenarbeit auf den längsten Arbeitsgang.

C) Die Einführung von Schichtbetrieb verkürzt die DLZ nochmals um 50 %

Siehe auch nachfolgende Schemadarstellungen, Abschnitt 7.2

- Umbau einer Vorfertigungsabteilung in eine Fertigungszelle
- Umbau einer Vor- / Endmontage in nach Produktgruppen gegliederte Linienfertigungen

7.1.2 Vereinfachen der Arbeitspläne, Abbau von prozessorientierten Arbeitsschritten in den Arbeitsplänen, Reduzieren der PPS-ermittelten Durchlaufzeiten durch auf Null setzen der fixen Liegezeiten im EDV-System

Wie aus der Vorseite *„Durchlaufzeitreduzierung bei Gruppenarbeit"* ersichtlich, werden die Durchlaufzeiten in einem PPS-System wie folgt berechnet:

Rüstzeit + (Stückzeit x Fertigungsmenge) =
x AT + z.B. 1 AT Liegezeit je Arbeitsgang

(den das PPS-System gemäß fest hinterlegten Regeln in einer sogenannten Übergangsmatrix von Kostenstelle zu Kostenstelle automatisch einsetzt)

Dies bedeutet, je mehr Arbeitsgänge ein Arbeitsplan beinhaltet, um so länger wird automatisch die Durchlaufzeit, und um so früher werden die Betriebsaufträge in die Fertigung eingesteuert.

Insbesondere die in den letzten Jahren Einzug gehaltene Unsitte, die Arbeitspläne prozessorientiert auszurichten, also nicht nur mehr Meilensteine im PPS-System zu hinterlegen, sondern die Arbeitsgänge aufzubröseln, in z.B.

- linke Seite drehen
- rechte Seite drehen
- Einstechen
- etc.

anstatt, den Arbeitsgang so festzulegen:

Drehen komplett nach Zeichnung

führt dazu, dass die per EDV ermittelten Durchlaufzeiten immer länger werden und dadurch die Betriebsaufträge immer früher eingesteuert werden, mit dem katastrophalen Ergebnis, dass immer mehr Aufträge gleichzeitig in der Fertigung, also vor den einzelnen Arbeitsplätzen / Maschinen liegen.

Die negativen Folgen dieser Arbeitsweise wirken **doppelt negativ** und führen zu Verstopfungen in der Fertigung.

Um das Ziel ***„Schneller liefern - Kosten senken"*** zu erreichen, müssen also u.a. in der AV, im Auftragsabwicklungszentrum, im PPS-System folgende, mit großem Erfolg praktizierten Neuregelungen eingeführt werden:

a) Die Arbeitspläne müssen in der Anzahl Arbeitsgänge auf ein unbedingtes Minimum reduziert werden. Am sinnvollsten wäre, den Arbeitsplan so auszustellen, dass er nur noch einen Arbeitsgang hat, z.B. *„Fertigen komplett nach Zeichnung"* und die Richtzeit gesamt über alle Arbeitsgänge zu hinterlegen.

Diese Vorgehensweise ist bei Gruppenarbeit möglich, da, wie später dargestellt, durch Mehrfachqualifikation alle Mitarbeiter alles können (jeder Mitarbeiter muss mindestens drei, ideal wäre fünf, verschiedene Arbeitsplätze / Technologien beherrschen) und das Teil verlässt die Zelle erst, wenn es komplett montagefähig hergestellt ist.

Engpässe / Auftragsspitzen an bestimmen Arbeitsplätzen werden durch den wechselweisen Einsatz der Mitarbeiter untereinander, durch die Gruppe selbst gelöst (Trennen der Maschinenzeit von der Menschzeit durch die Anwendung flexibler Arbeits- und Betriebszeiten, sowie Umsetzen von Mitarbeitern aus anderen Kostenstellen / Fertigungsgruppen), auf eine detaillierte Kapazitätsauslastungsübersicht im PPS-System also verzichtet werden kann. Kapazitätsengpässe werden also nicht mehr verwaltet, sondern vor Ort durch selbständiges, verantwortungsvolles Handeln, durch die Mitarbeiter aufgelöst.

b) Es dürfen nicht so viel wie möglich Aufträge in der Fertigung / vor den Maschinen und Arbeitsplätzen liegen, sondern es müssen *so wenig wie möglich* sein.
Ideal wäre, wenn vor den einzelnen Arbeitsplätzen zwei bis maximal drei Aufträge lägen, höchstens jedoch ein Arbeitspuffer für einen Tag.

c) Die vom PPS-System abverlangten fixen Übergangszeiten in Tagen oder Stunden , sind auf Null zu setzen, damit das System alle Betriebsaufträge wie Eilaufträge behandelt.

Dieser Ansatz beschleunigt die Durchlaufzeit in der Fertigung wesentlich, aus Erfahrung reduziert sie sich um über 50 %, basierend auf dem Abbau großer Warteschlangenprobleme und Liegezeiten vor den Maschinen. Jeder Auftrag wird wie ein Eilauftrag behandelt, wie es letztlich in der Praxis, also in der Fertigung selbst tatsächlich auch so abläuft.

Sofern Arbeitspläne aus ISO 9000 und ff. – Gründen detaillierter gewünscht werden, kann dies auch mittels folgender Vorgehensweise erreicht werden:

a) es werden separate Arbeitsvorschriften eingerichtet / erstellt

und / oder

b) die Mitarbeiter werden in ihren Tätigkeiten so geschult, und jährlich einmal auditiert, dass auf Detailanweisungen im Arbeitsplan völlig verzichtet werden kann, siehe auch Abschnitt 8.3, „Beispiel Gruppenarbeit in einem Fertigungsbereich“.

Und im PPS-System wird in der Kapazitätsgrenze geöffnet. Es wird die flexible Arbeitszeit für den Kunden genutzt und der Einsatz von Fremdpersonal / Zusatzpersonal (Leihkräfte bzw. Mitarbeiter die auf Rechnung arbeiten) wird gezielt angewendet. (Einrichten eines Personalpuffers der fallweise abgerufen werden kann.)

Bild 7.4 : *Flexible Arbeits- und Betriebszeit / Einsatz von Fremdpersonal*

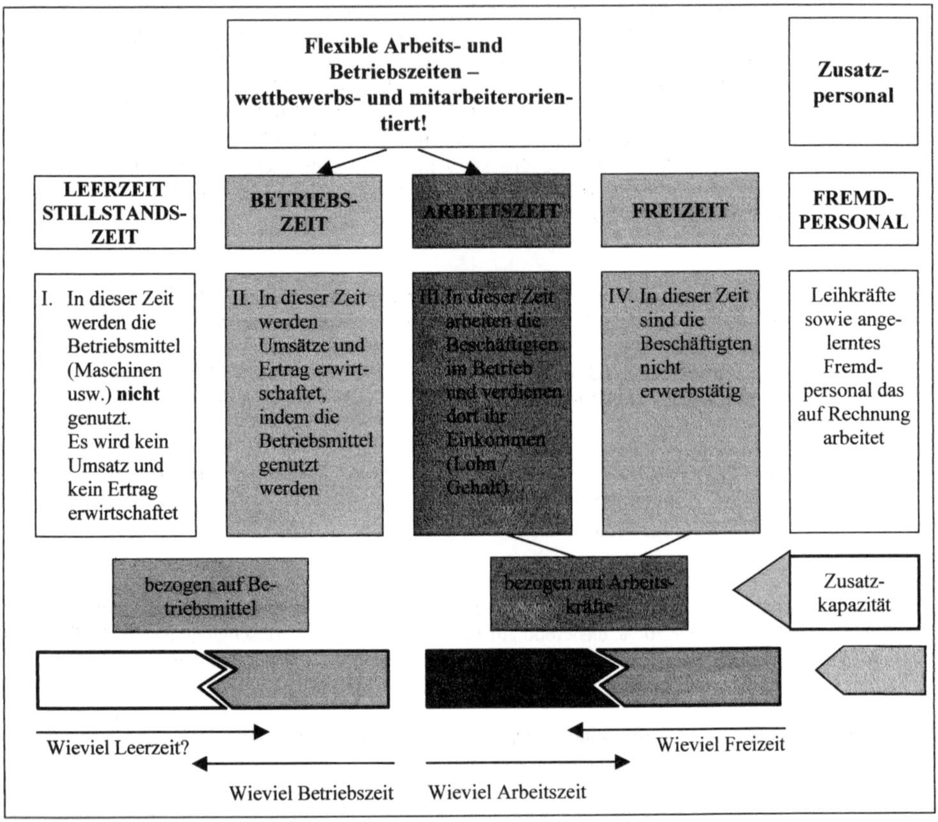

Quelle:
Prof. Dr. Horst Wildemann, München und Arbeitgeberverband Ges.-Metall, Köln, Betriebliche Zeitgestaltung für die Zukunft

7.2 Umbau einer Fertigung vom Verrichtungsprinzip in eine Fertigungszelle bzw. Linienfertigung die in völliger Eigenverantwortung und erweitertem Dispositionsspielraum im Rahmen des vorgegebenen Produktionsplanes arbeitet

I Beispiel Vorfertigungsabteilung (Schemadarstellung) Fertigungszelle

ALT = VERRICHTUNGSPRINZIP		Anzahl Mitarbeiter	Jeweils fest zugeordneter Arbeitsplatz	Bemerkung
Lohnbeleg 1 je Teil	Blechtafeln bereitstellen aus Lager	1 MA	X	Meister setzen in Einzelfällen Mitarbeiter um
Lohnbeleg 2 je Teil	Blechtafeln zuschneiden nach Maß	3 MA	X	
Lohnbeleg 3 je Teil	Vorbiegen	1 MA	X	
Lohnbeleg 4 je Teil	Kanten	2 MA	X	
Lohnbeleg 5 je Teil	Schweißen / Verputzen	2 MA	X	
Lohnbeleg 6 je Teil	Einlagern / Fertigmelden	X	Logistikperson	

NEU = FERTIGUNGSZELLE		Anzahl Mitarbeiter	Fest zugeordneter Arbeitsplatz	Bemerkung
1 Lohnbeleg	1 selbststeuernde Fertigungszelle, bestehend aus 8 Mitarbeitern und ein Gruppenführer, die sich durch hohe Qualifikation und Jobrotation gegenseitig aushelfen	9	Keiner, nach Einarbeitungsface Job-Rotation	Bei der Bildung von Fertigungszellen ist darauf zu achten, dass im Rahmen der PPS-Organisation / Kapazitätsterminierung keine Kapazitätsengpässe im Betrieb entstehen, die in der EDV nicht mehr sichtbar werden. Lösung: Eine Fertigungszelle erhält z.B. zwei Arbeitsbelege oder Fertigungszellen sind in bezug auf Technologie und Kapazität abgestimmt

Bild 7.5: *Darstellung einer Fertigungszelle mit Kanban-Bestandsverantwortung*

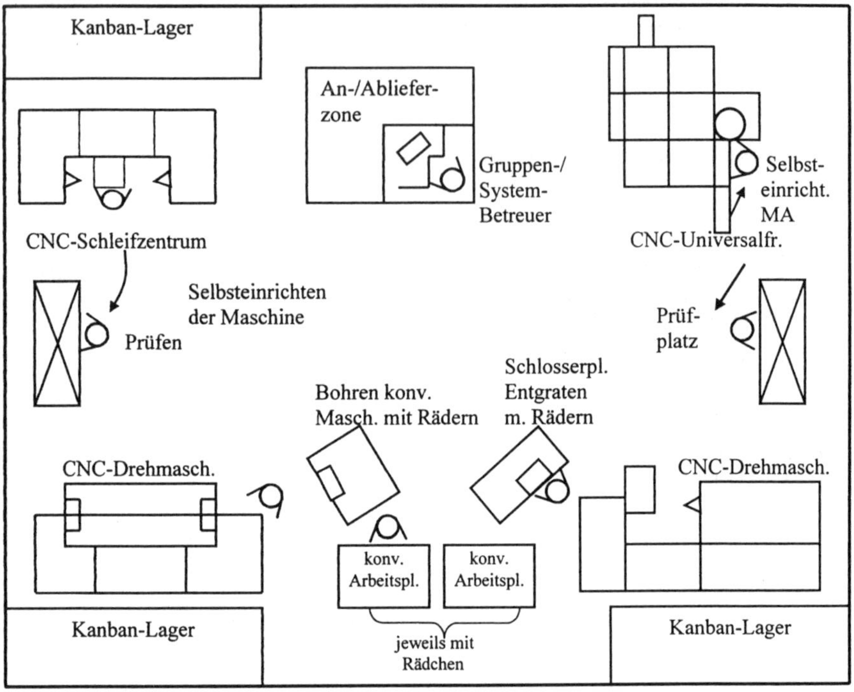

KVP-Tafel mit Ziele

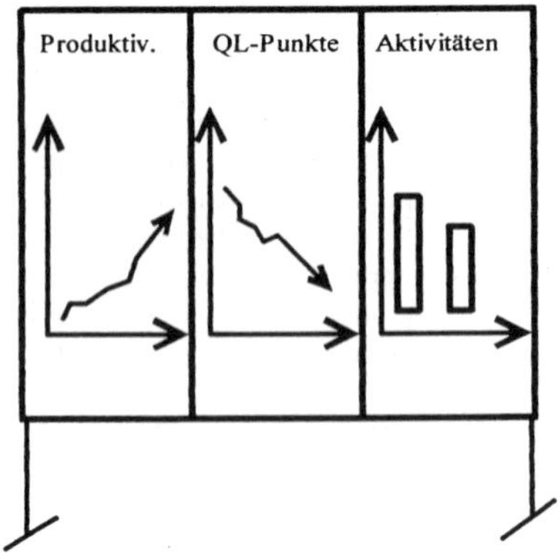

Personalbesetzung:
1 Gruppenführer/-betreuer
3 Facharbeiter (können alle Maschinen bedienen und einrichten)
2 angel. Mitarbeiter, werden aber System gemäß Ausbildungsmatrix angelernt

---

Fertigung von Teilen: Vom ersten Arbeitsgang bis zum letzten Arbeitsgang, Teile werden „montagefähig“ eingelagert, sind GUT-Teile

Ideal wäre: Alle Teile für ein Endprodukt oder zumindest eine Baugruppe werden hier gefertigt (Rohrgedanke / Linienfertigung)

Aufgabe der Gruppe: Kompl. Prozeßverantwortung über alle Arbeitsgänge, incl. Prüfung, Details siehe Aufgabenplan der Gruppe

II Beispiel Vor- / Endmontage (Schemadarstellung) Linienfertigung

A

ALT = VERRICHTUNGSPRINZIP		Anzahl Mitarbeiter	Jeweils fest zugeordneter Arbeitsplatz
Lohnbeleg 1 je Auftrag	Teile bereitstellen lt. Stüli	1 MA	Logistikperson
Lohnbeleg 2 je Auftrag	Vormontage und Kontrolle 1 Meister A	18 MA	X
Lohnbeleg 3 je Auftrag	Einlagern / Fertigmeldung	1 MA	Logistikperson
Lohnbeleg 4 je Auftrag	Teile bereitstellen lt. Stüli	1 MA	Logistikperson
Lohnbeleg 5 je Auftrag	Endmontage 1 Meister B	17 MA	X
Lohnbeleg 6 je Auftrag	Kontrolle	2 MA	X
Lohnbeleg 7 je Auftrag	Einlagern / Fertigmelden	1 MA	Logistikperson

B

<table>
<tr><th colspan="2">NEU =
LINIENFERTIGUNG
1 Linie je Artikelgruppe</th><th colspan="2">Anzahl Mitarbeiter</th><th>Fest zugeordneter Arbeitsplatz</th><th>Bemerkung</th></tr>
<tr><td rowspan="2">1 Lohnbeleg je Auftrag für Vor- und Endmontage</td><td>1 selbststeuernde Linienfertigung, bestehend aus 1 x 19 Mitarbeitern für Produktgruppe X mit Meister A sowie</td><td>19 MA Linie A</td><td>1 Logistig Pers</td><td>Nein Job-Rotation</td><td rowspan="2">Bei der Bildung von Linienfertigung muss häufig die Lager- und Logistik-Funktion wie gehabt bestehen bleiben, die Linien werden nach Produktgruppen eingerichtet, Vor- und Endmontage liegt in einem Verantwortungsbereich. Arbeitsbeginn und Arbeitsende des Auftrages wird erfaßt, Zwischenarbeitsgänge nicht, bzw. wenn ohne Mengenerfassung, dafür melden die Mitarbeiter einen evtl. Kostenstellen- / Linienwechsel entsprechend</td></tr>
<tr><td>1 x 20 Mitarbeiter für Produktgruppe Y mit Meister B
Hohe Mitarbeiterqualifikation durch Jobrotation und aushelfen</td><td>20 MA Linie B</td><td>1 Logistig Pers</td><td>Nein Job-Rotation</td></tr>
</table>

Bild 7.6: *Schemadarstellung einer Montagezelle mit erweiterter Montageverantwortung*

Neuausrichtung der Fertigungsorganisation und der Produktions- und Montageabläufe für Produktgruppe x, nach KANBAN-Gesichtspunkten

Schemabild für z.B. Getriebefertiger mit erweiterter Montageverantwortung

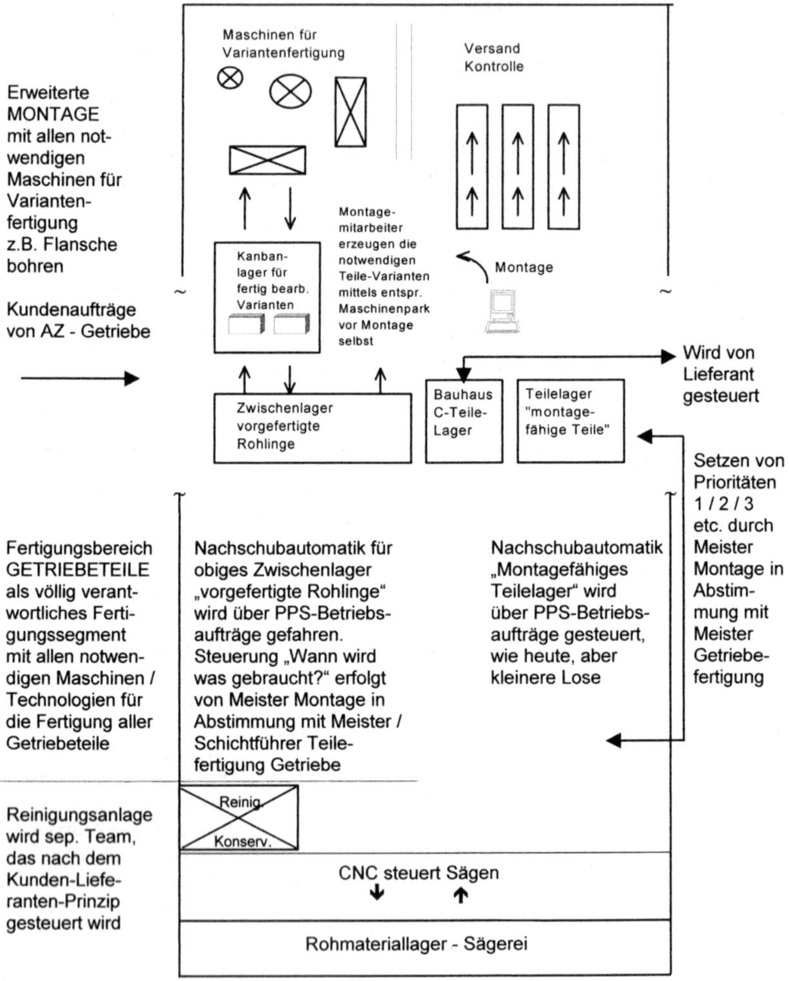

7.2.1 Wie kann ein Team / eine Gruppe aussehen

Teamarbeit möglichst für ein komplettes Endprodukt mit seinen kompletten Einzelteilen

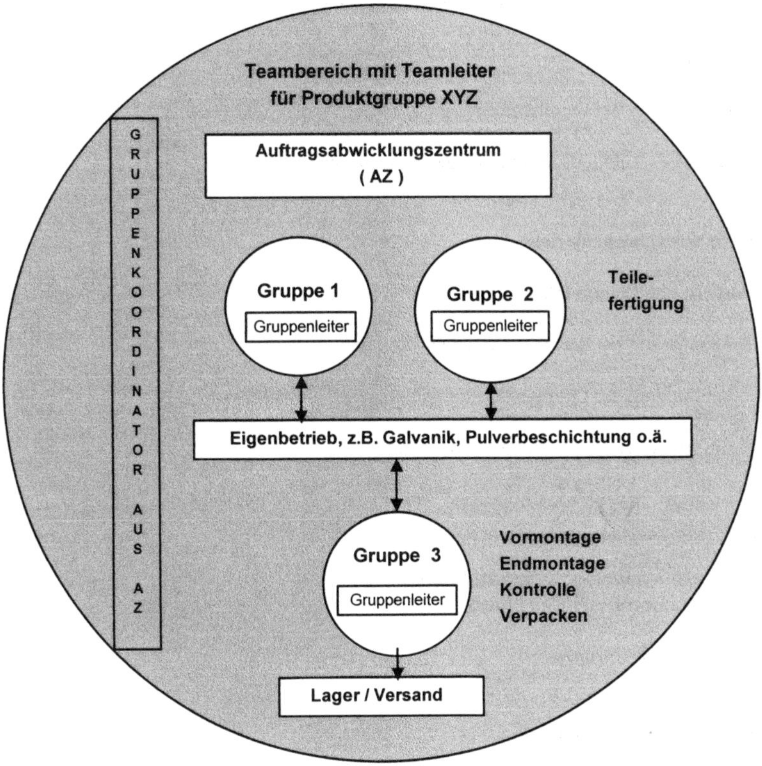

Team mit Teamleiter

Gruppe mit Gruppenleiter

und, sofern erforderlich,

Gruppenkoordinator aus Team AZ

Grundgedanke der Teamorganisation

Die Gruppen sollen möglichst komplette Einzelteile oder Endprodukte herstellen oder Prozesse durchführen.

Falls dies nicht möglich ist, werden die Gruppen in einem Teambereich zusammengefasst. Ein Gruppenkoordinator unterstützt die Gruppe bei gruppen- und teamübergreifenden Aufgaben.

Aufgaben der Gruppenmitglieder

Aufgaben des Teamleiters

→ Unterstützung bei den Aufgaben der Gruppen und des Teambereiches

→ Moderation

→ Unterstützung der Geschäftsleitung

→ Fördern des Teamgeistes und der Zusammenarbeit

Aufgaben des Gruppenleiters

→ Fördern des Teamgeistes

→ Unterstützung bei der Aufgabe seiner Gruppe

→ Unterstützung des Gruppenkoordinators und des Teamleiters

→ Vermittlung bei Streitigkeiten in der Gruppe

→ Vertritt die Gruppe nach Innen und Außen

- Informationsaustausch sicherstellen
- Abstimmung bei gruppen-, teambereichs- oder teamübergreifenden Fragen

→ Arbeitet in der Gruppe mit

Aufgaben des Gruppenkoordinators

→ Koordinierung der Belange seiner Gruppe intern und teamübergreifend

→ Unterstützung bei den Aufgaben seiner Gruppen

- Beratung seiner Gruppen
- Hilfe bei Problemen

→ Unterstützung des Teamleiters

→ Fördern des Teamgeistes

Aufgaben der Gruppenmitglieder

Siehe entsprechende Arbeitsblätter je Gruppe, Musterabbildung „Aufgabenprofil einer Arbeitsgruppe", siehe Abschnitt 8.3.2

7.3 Nach welchem Arbeitsgang soll gelagert werden?

Ein weiterer wichtiger Punkt zur Verkürzung der Durchlaufzeit und Erhöhung der Flexibilität mit niederen Beständen, ist die Überlegung

Nach welchem Arbeitsgang wird an Lager gelegt?

Im Regelfall wird davon ausgegangen, dass z.B. Einzelteile montagefähig, also direkt einbaufähig, gelagert werden, was aber insbesondere bei Variantenfertigern zu folgenden Nachteilen führen kann:

> Trotz hoher Bestände im Teilelager, fehlt immer gerade das Teil / die Variante die gerade gebraucht wird.
>
> Was insbesondere bei Teilen mit langen Durchlaufzeiten zu großen Problemen in der Termintreue führen kann.

Am einfachsten kann dies an einem realen Beispiel im Detail verdeutlicht werden.

***Bild** 7.7:* *Herkömmliche Betrachtung, Teil liegt einbaufertig / montagefähig an Lager*

Diesen Antriebs-Flansch (Anschlussteil für Motor an Getriebe) gibt es in 20 verschiedenen Bohrungsvarianten, die alle am Lager liegen.

Bestand pro Teil:		100 Stück im Ø
Ø-Preis pro Teil:		40,-- €

<u>Woraus sich ergibt:</u>

Lagerbestand in €	ca.	80.000,-- (20 x 100 x 40 €)
Anzahl belegte Lagerfächer		20
Ø verfügbare Teile in Stück:		0 – 180 (je nach Lagerbestand)

Bild 7.8: *Vorschlag zur Einlagerung, Teil liegt nicht als Rohling, also nicht mehr einbaufertig an Lager, Bohrungen für Motor-Anschlüsse sind noch nicht gesetzt*

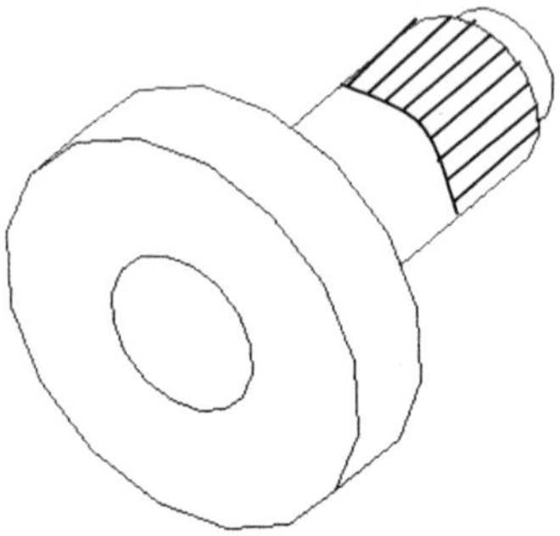

Teile liegen nicht mehr einbaufähig am Lager, sondern ungebohrt in größerer Menge. Lagerist [1] erhält CNC-Bohrmaschine und produziert gewünschte Variante direkt bei Entnahme.

Es liegen 800 Teile am Lager, also das 8-fache
Ø-Preis pro Teil: 32,-- €

<u>Woraus sich ergibt:</u>

Lagerbestand in € 25.600,--
(1 x 800 x 32 €)

Anzahl belegte Lagerfächer 1

Ø verfügbare Teile in Stück: 100 - 800

<u>Aussage:</u>	Einsparung in €	=	54.400,--	(80.000,-- - 25.600,--)
	Einsparung Lagerfächer	=	19	
	Einsparung Artikelnummern	=	19	(Stammdatenverwaltung)

- Teileverfügbarkeit = ist um 800 % höher
- die Wahrscheinlichkeit, dass eine bestimmte Variante nicht bereitgestellt werden kann, das Teil also fehlt, geht jetzt gegen Null
- Die CNC-Maschine die gekauft wird, finanziert sich selbst, durch Abbau Lagerbestand und entfallene Eilaufträge in Teilefertigung und Montage, ungeplantes Rüsten in der Teilefertigung, mehrmals anfangen, weglegen in der Montage und vermiedene Teillieferungen / -Versandkosten, die leider in der Kalkulation nicht sichtbar sind
- Gemeinkosten werden in Einzelkosten umgewandelt
- Rohlingteilenachschub kann mittels KANBAN-Organisation einfachst gehandhabt werden – Montage ➔ Lager ➔ Vorfertigung

[1] Die CNC-Borhmaschine kann auch im Montagebereich stehen, Monteure setzen Bohrungen selbst. CNC-Bohren ist der erste Arbeitsgang der Montage, siehe Bild 7.6 „Schemadarstellung einer Montagezelle mit erweiterter Montageverantwortung".

7.4 Fertigungssegmente als Eigenbetriebe organisieren

Sofern ein Umbau der Fertigung vom Verrichtungsprinzip (Meisterabteilungen) in Fertigungszellen, prozessorientiert ausgerichtet (also Teil verlässt Zelle erst, wenn es montagefähig fertiggestellt ist, auch Röhrensystem genannt) nicht möglich ist, weil z.B.

- ⇨ alle nachfolgenden Abnehmer / Kunden über alle Produktgruppen hinweg von allen Maschinen beliebig viele Teile benötigen, also die Einrichtung einer flussorientierten Fertigungsorganisation nicht möglich ist

- ⇨ bestimmte Werkzeuge nur auf bestimmten Maschinen eingerichtet werden können, die Teile aber in unterschiedliche Produktgruppen eingehen

- ⇨ damit die Fertigungszellen auch selbständig arbeiten können, zusätzlich Maschinen / Anlagen zugekauft werden müssen, die

  a) zu große Investitionssummen binden würden und

  b) die Anlagen nur wenige Stunden im Monat genutzt werden

- ⇨ eine Umstellung der Maschinen / Anlagen prozessorientiert aus anderen, z.B. technischen- oder Platzgründen, nicht möglich ist,

empfiehlt es sich:

1. Ein Auftragsabwicklungszentrum erhält die Erlaubnis, die Teile für seine Artikelgruppen, die nur über Maschinengruppen in anderen Produktlinien hergestellt werden können, zuzukaufen, obwohl eine Eigenfertigung möglich wäre, denn oberstes Ziel ist Flexibilitätsgewinn, also ***Entzerren von Abläufen***

oder

2. in Form von Fertigungssegmenten werden sogenannte Eigenbetriebe eingerichtet, die in völliger Eigenverantwortung ihre Arbeiten / ihre Aufträge pünktlich und zuverlässig, wie ein fremder Lieferant, abarbeiten und liefern (z.B. Eigenbetrieb Stanzerei)
Voraussetzung, dass ein Eigenbetrieb in völliger Selbstverantwortung, also mit erweitertem Dispositionsspielraum, Selbtsteuerung in Eigeninitiative, optimal läuft, sind u.a.:

- ⇨ Das notwendige Rohmaterial wird vom Eigenbetrieb selbständig disponiert, beschafft, gelagert und bebucht
- ⇨ Für die notwendigen Kundenaufträge erzeugt der Eigenbetrieb seine Betriebsaufträge selbst (Bedarf ist über Stücklistenauflösung, 2 x täglich, sichtbar)
- ⇨ Der Eigenbetrieb plant sich kapazitätsmäßig selbst aus, alle Aufträge müssen termintreu geliefert werden
- ⇨ Notwendige Vorratsteile disponiert Eigenbetrieb selbst,
- ⇨ erstellt seine Produktionspläne selbst, legt selbst Reihenfolgen und Prioritäten fest,

- ⇨ berücksichtigt Dispositions- und Fertigungs-Rüstfamilien
- ⇨ Schaffen von Möglichkeiten, dass kleinere Reparaturen, selbständig behoben werden können, z.B. Einrichten einer kleinen Reparaturecke, mehrschichtig besetzt, und der Eigenbetrieb kann Ersatzteil selbständig bestellen.

Der Eigenbetrieb wird also wie ein kleines Auftragsabwicklungszentrum, Meister plus Disponent / Beschaffer / Arbeitsplaner etc., ausgestattet.

Vereinfacht ausgedrückt, ein Eigenbetrieb ein Fertigungssegment, muss zur Erfüllung seiner Aufgaben wie z.B. ein Bäckereibetrieb funktionieren:

- ⇨ Standardteigwaren, wie z.B. Brötchen müssen immer in genügender Anzahl vorrätig sein, ohne zu hohe Bestände, sie veralten
- ⇨ Riesenaufträge oder Sonderaufträge, wie z.B. Brötchen fürs Hotel oder Hochzeitskuchen, müssen pünktlich in 100 % Qualität, gemäß Kundenbestellung tages- / stundengenau geliefert werden.

Die Kontrolle über Funktionsfähigkeit, Kosten und Produktivität des Eigenbetriebes erfolgt über diverse Kennzahlen, wie sie im Abschnitt 9.2, „Führen nach Kennzahlen“, beschrieben werden.

Beispielhafte Aufzählung:

- Umschlagshäufigkeit von Rohmaterial, Vorratsteilen etc.
- maximal zugelassene Anzahl terminuntreuer Lieferungen
- Produktivitätskennzahlen
- Reklamationsquote in €, pro Monat etc.
- erwirtschaftete Stundensätze etc.

Die positiven Ergebnisse bezüglich ***schneller liefern – Kosten senken*** sind enorm.

7.5 Sonstige Hinweise für eine rationelle Fertigung mit kurzen Lieferzeiten

Die sechs Gebote [1] für eine rationelle Fertigung

1. Gebot: Verschwendung ausmerzen
- Lagerhaltung abbauen / Überproduktion stoppen
- Blindleistungen abbauen
- Wartezeiten - etwa wegen Maschinenausfällen, Qualitätsprüfungen oder Staus in den einzelnen Produktionsabschnitten – minimieren
- Arbeiten ohne Wertezuwachs (versteckte Verschwendung) streichen, beispielsweise Werkzeugwechsel, Inspektionen, weites Transportieren, Auspacken und mehrfaches Handhaben von Teilen

2. Gebot: Arbeitsplätze ordnen
- Unnötige Werkzeuge entfernen
- Einrichtungen und Material prozessorientiert anordnen, vor allem Bestände, Werkzeuge, Formen, Container, Transportmittel und Abstellflächen
- Anlieferungsstellen für Material auf dem Boden markieren, mit klar definierten Containergrößen und Mengenangaben
  Reinigungsprogramm für den gesamten Arbeitsplatz festlegen

3. Gebot: Produktion visualisieren
- Alle Standards bezüglich Arbeitsmethoden, Qualität, Instandhaltung, Materialanstellung und Stückzahlen am Arbeitsplatz aushängen, ebenso verkaufte Stunden ....
- ... zu Anwesenheit, Produktivität, den Kosten, Liefer- und Maschinenlaufzeiten, Qualitätspunkte
- Visuelle und akustische Warnhinweise installieren bei Problemen und Defekten, mit automatischen Stoppvorrichtungen bei fehlerhafter Produktion

4. Gebot: Operationen standardisieren
- Detaillierte Arbeitsblätter zusammen mit dem Meister und Mitarbeiter erstellen; Inhalt, die drei wesentlichen Punkte: Taktzeiten der Maschine, Arbeitsablauf und Material im laufenden Prozess
- Per Arbeitsverteilungsblatt die persönlichen Zykluszeiten der einzelnen Mitarbeiter und die Taktzeit der Maschine genau koordinieren
- Immer auf der Maschine / Anlage mit der kürzesten Taktzeit (te) fertigen

5. Gebot: Qualität sichern
- Die Mitarbeiter in den einzelnen Produktionsabschnitten auf die drei ehernen Grundprinzipien einschwören: keine defekten Teile annehmen, keine Defekte an Teilen verursachen, keine defekten Teile weitergeben
- „First Time Quality"-System einführen (Mach' es gleich richtig); dazu ...
- ... Muster sowie Inspektionsblätter und -vorschriften ...
- ... ebenso Resultate und vor allem Beschwerden von Kunden aushängen

6. Gebot: Linienfertigung und Gruppenarbeit einführen
- Operationen strikt nach dem Materialfluss organisieren
- Auf mehrere kleine Maschinen setzen, die im Idealzustand nur jeweils ein Teil fertigen und befördern (Losgröße 1)
- Produktion in U-Form anlegen, das vereinfacht Kommunikation, Material- und Werkzeugeinsatz sowie die Materialsteuerung
- Gruppenarbeit einführen, Mitarbeiter mehrfach qualifizieren
- Den Kunden die Produktion nach Bedarf steuern lassen und feste Prioritätenregeln festlegen, was ist zuerst zu fertigen, z.B.:
  1. Teil mit kürzester Reichweite
  2. Teil mit kürzester Taktzeit
  3. Teil mit kürzester Restbearbeitungszeit, z.B. letzter Arbeitsgang
  4. Teil mit höchster Priorität 1 – 9

Goethe und der kontinuierliche Verbesserungsprozess

Es ist nicht genug zu wissen, man muss es auch anwenden

Bewußtsein schaffen

Es ist nicht genug zu wollen, man muss es auch tun

[1] nach Lopez

7.5.1 Bilden von Teile- / Rüstfamilien für die Fertigung

Bildschirme / Auslastungsübersichten vor Ort, in der Werkstatt je Fertigungsgruppe, die den permanenten Abruf des Auftragsbestands ermöglichten, haben sich bewährt, insbesondere um Rüstzeiten zu minimieren, also dass alle Betriebsaufträge mit gleicher Artikelnummer hintereinander angezeigt werden, damit sie eventuell zu sogenannten Fertigungslosen für die Fertigung zusammengefaßt werden können. Auch hat sich die Einführung einer sogenannten Verkettungsnummer, für Teile mit gleichen Rüstvorgängen / Werkzeugen, als weiteres Suchkriterium für das Bilden von Fertigungslosen nach Teile- / Rüstfamilien bewährt.

Diese Verkettungsnummer läuft neben der Artikelnummer als völlig separate Nummer mit und gibt folgende Hinweise:

a) **Dem Disponenten**
Welche Teile sollen zusammen aufgelegt werden
(z.B. welche verschiedenen Teile werden aus dem gleichen Rohling gefertigt?)

b) **Der Fertigungssteuerung**
Welche Teile sollen gleichzeitig bzw. miteinander in die Fertigung eingesteuert werden?

c) **Der Fertigung**
Welche Teile haben zur Rüstzeitminimierung und Beschleunigung der Durchlaufzeit die gleichen Grundrüstwerkzeuge / Vorrichtungen und sollen direkt hintereinander gefertigt werden?

7.5.2 Instrumente und Maßnahmen zur weiteren Kostensenkung und Durchlaufzeitverkürzung

Aufbauend auf den Regeln der Materialwirtschaft und Fertigungssteuerung können Durchlaufzeiten verkürzt, Kosten gesenkt werden durch:

- Reduzierung der Varianten- und Teilevielfalt
- Einsatz der Prozesskostenrechnung in allen Bereichen
- Die Einführung ausgereifter Produkte
- Verkürzung der Dispositionszyklen
- Reduzierung der Werkstattpuffer und Abbau von ungeplanten (wilden) Lägern in der Fertigung

und was besonders wichtig ist

- Reduzierung von Rüstzeiten

Die wichtigsten Ansatzpunkte zur Rüstzeitverringerung sind:

- In der Konstruktion, in der die Bauteile und damit die Fertigungsanforderungen bestimmt werden, Normung und Teilefamilien
- In der Fertigungsplanung (Arbeitsplanorganisation), in der die Bearbeitungsvorgänge festgelegt und die Betriebsmittel zugeordnet werden (Verkettungsnummer für Rüstfamilien einführen)
- An den Maschinen, Werkzeugen, Vorrichtungen, die durch ihre Konzeption wesentliche Teile des Rüstzeitaufwandes bestimmen, Rüstzeitminimierungsmaßnahmen durchführen (Basis: Videoaufnahmen, die beliebig oft abgespielt / wiederholt werden können)
- Änderungen und Neuaufteilung von Arbeitsinhalten beim Rüsten

  Frage: Was kann außerhalb der Maschine vorgerüstet / vorbereitet werden?
- Im Betrieb, in dem durch geeignete Maßnahmen organisatorischer Art, z.B. Werkstattsteuerung und durch Gruppenarbeit (Rüsten durch zwei Personen), sowie bilden von Teile- und Rüstfamilien, wesentlicher Einfluss auf den Rüstaufwand genommen werden kann.
- In der Mitarbeiterqualifikation sowie in Entlohnungs- und Motivationsfragen, z.B. Einrichter rüsten auch die Pausenzeiten durch; machen Pausen wenn Teilefreigabe erfolgt ist.

Bild 7.9: *Änderung der Fertigungsorganisation in Gruppenarbeit mit höherer Qualifikation der Mitarbeiter und Erweiterung der Arbeitsinhalte*

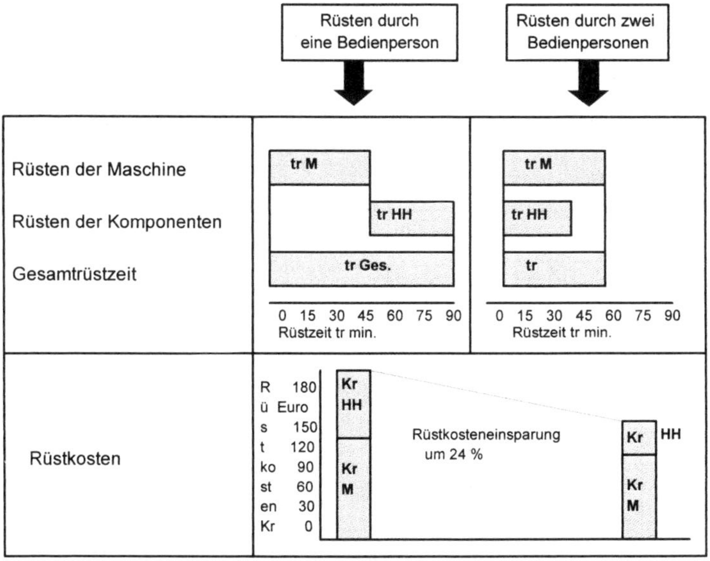

Bild 7.10: *Maßnahmeplan zur Rüstzeitreduzierung*

Maßnahmeplan auf der Basis von Werkzeugeinstellplänen

Festlegung von Terminreihenfolgen (Werkstattsteuerung)

- Organisation der Bereitstellung durch Transport auf Vorbereitungsplatz
- Festlegung der Terminreihenfolge durch Werkstattmeister und AV und Nummernvergabe 1 bis 3* (Rüstplanung als neue Aufgabe der Fertigungsplanung und Werkstattsteuerung)
- Schaffung eines Transportringverkehrs (Beschicken/Entsorgen)
- Schaffung einer flexiblen Ablauforganisation mit
  - Bahnhöfe
  - Zeithinweise an den Maschinen wann Auftrag ausläuft (Schilder)
  - Wie werden Sonderregelungen gehandhabt
- Schulung der Transport- und Stapler-Fahrer
- Kostenstellenbelegungsplan 1 x pro Woche, Donnerstag
- Selbststeuerung im Rahmen der Produktionspläne und Prioritäten
- Reihenfolgeoptimierung durch die Gruppe selbst

Festlegung welche Rüstvorarbeiten können außerhalb der Maschine durchgeführt werden

- Schaffung eines geordneten Werkzeug- und Vorrichtungslagers
- Schaffung eines zentralen Vorbereitungsplatzes
  - Werkzeugplan
  - NC-Programme
  - Werkzeug und Ersatz
  - Spannbacken versch. Sorten
  - Backen-Ausdrehhilfsmittel
  - Meßwerkzeuge
  - Vorrichtungen, Sonderspannmittel
  - Transportmittel, Leergut
  - Transporthilfsmittel wie z.B. Leisten, Unterlagen
  - Anlieferung des vorbereiteten Werkzeuges an Maschinen
- Festlegung der persönl. Besetzung dieses Platzes
  - Schulung
  - Arbeitsanweisung
  - Eignung
- Notwendiger Bereitstellhinweis
- Verbesserung der BD-Erfassung
- Fertigmeldung, Weiterleitung mit Material
- Lohnscheinkontierung

Wie können Rüst- und Fertigungszeiten z.B. Messen innerhalb der Maschine reduziert werden

- Schichtverantwortung Kompetenzen für Schichtführer, Meister, Einrichter
- Mitarbeiterbelegungsplan
- Mitarbeiterschulung
  - Wissenstandsermittlung
  - Schulung
  - Test/Schulung/Ergänzung
- Planung des Rüstablaufes und Schulung vor Ort
- Realisierung des Systems (Start)
- Fertigen
- Messen: Erststück lfd. lt. Kontrollplan/Meßmittel
- Wartung, Reinigung (AW-Festwert)
- Wöchentliche Kapazitätsdarstellung
- Pausenplatz schaffen
- Einrichter haben Qualitätsverantwortung
- Einrichter rüsten Pausenzeiten durch

Wie kann die Leistungssituation durch Motivation optimiert werden

- Gruppenarbeit
- Flexible Arbeitszeit
- Leistungsbereitschaft/KVP-Systeme
- Mehrmaschinenbedienung aus Verhältnis beeinflußbaren zu unbeeinflußbaren Zeiten oder Zusatztätigkeiten
- Hilfsmittel zur Mehrmaschinenbedienung realisieren/Zusatztätigkeiten realisieren
- Einführung von Leistungslohn
  - Prämien-/Bonussysteme
  - Einbeziehung des Rüstpersonals in das System
- Ergebnisvisualisierung, z.B.

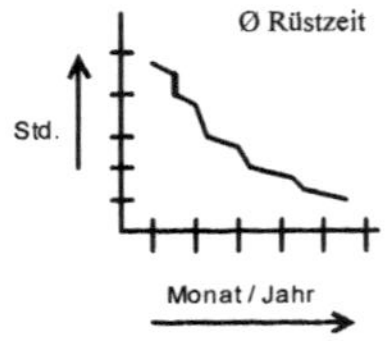

* Variantenbildung möglichst spät im Fertigungsablauf

7.6 Selbststeuerung der Gruppe / Durchsetzen der Aufträge in der Fertigung

Bei dieser Organisationsform gibt es keine zentrale Fertigungssteuerung und keinen zentralen Produktionsplan.

Für die Zusammenstellung der Fertigungsprogramme ist das Auftragsabwicklungszentrum / das Produktionsteam selbst zuständig.

Über das PPS-System wird der Arbeitsvorrat mit Startterminen festgelegt.

A) Das AZ / das Produktionsteam erstellt den Produktionsplan, der von den zugeordneten Fertigungszellen abgearbeitet wird.

B) Oder die Fertigungszellen erstellen sich am Bildschirm in der Fertigung ihre Produktionspläne selbst, aus dem Arbeitsvorrat lt. PPS.

C) Der Koordinator / die Fertigungsgruppen bringen den Arbeitsvorrat in die richtige Reihenfolge und Ordnung, gemäß Prioritätenregeln und kurzfristigen Informationen.

Wichtige Aufträge laufen so, ohne große Liegezeiten, durch die Fertigung, Füller oder weniger wichtige Fertigungseinheiten werden automatisch hinten angestellt. Am Ende einer Planperiode müssen aber alle eingeplanten Fertigungsaufträge erfüllt sein. Kapazitätsausgleiche führen die Gruppen selbst durch. Bei einer atmenden Fabrik, z.B. durch Inanspruchnahme der flexiblen Arbeitszeit, das Abrufen von Leihkräften oder durch zuvor geschaffene Personalpuffer (gezielt angelernte Freiberufler).

Welche Werkzeuge / Hilfsmittel den Produktionsteams / Fertigungszellen im einzelnen vor Ort an die Hand gegeben werden hängt letztlich davon ab, wie im einzelnen das Kunden-Lieferanten-Prinzip der Gruppen untereinander zur Auftragserfüllung funktioniert, oder ob bei komplexen Produkten / Aufträgen Gesamtübersichten notwendig sind.

Werkzeuge / Hilfsmittel	Notwendiger Zeitaufwand in **nicht wertschöpfende Tätigkeit** zur Funktionserfüllung [1)]
Plantafel zur Selbststeuerung der Gruppe	gering
PPS-Bildschirme mit den entsprechenden Auftrags- / Termin- und Auslastungsübersichen	groß
Elektronische Leitstände mit zusätzlichen Reihenfolgeplanungen	sehr groß

[1)] Aufwand für Führung und Pflege aller PPS-relevanten Daten / Notwendigkeiten in EDV und Arbeitsplanorganisation

Damit diese Organisationsform / Werkstattsteuerung (zentral oder dezentral) reibungslos funktioniert, muss die Fertigung / der Betrieb / die Werkstatt entsprechend organisiert und die notwendigen Abläufe entsprechend geregelt werden.

Dazu ist folgende Aufbau- / Ablauforganisation in der Fertigung mit eindeutigen Verantwortlichkeiten nach

- Aufgabenprofil der Arbeitsgruppen und Ziele
- Kompetenzen für Schichtführer, Meister, Einrichter
- Mitarbeiterbelegungsplanung / -Umbesetzungsregelungen (wer kann was?) gemäß Wissensstandermittlung / Mitarbeiterqualifikation
- Einrichten flexibler Arbeitszeiten / Stundensparbuch
- Qualitätsverantwortung / Quittieren von Vollständigkeiten
- Organisation der Bereitstellung durch Transportorganisation (Bereitstellen - Beschicken - Entsorgen)
- Schaffung von Bereitstellbahnhöfen
- Schaffung von Zeithinweisen an den Maschinen / Arbeitsplätzen (wann Auftrag voraussichtlich fertiggestellt ist)
- Festlegung von Terminreihenfolgen / Prioritätsregelungen (Schilder 1 / 2 / 3) Schaffung von geordneten Bereitstellplätzen an den Maschinen für:
  - Werkzeuge / Vorrichtungen / Spannmittel
  - Messmittel / Lehren / Programme
  - Arbeits- / Kontrollbelege etc.
  - Schneidstoffe
  - Abrüstplatz (für laufenden Auftrag, wenn abgerüstet wird)
- KVP - Aktivitäten

usw.

notwendig.

Aufbau und Ablauforganisation einer durchlaufoptimierten und flexiblen Werkstatt- / Arbeitsbereichorganisation, incl. der notwendigen Logistik - Funktionen und Meldesysteme

Bild 7.11:

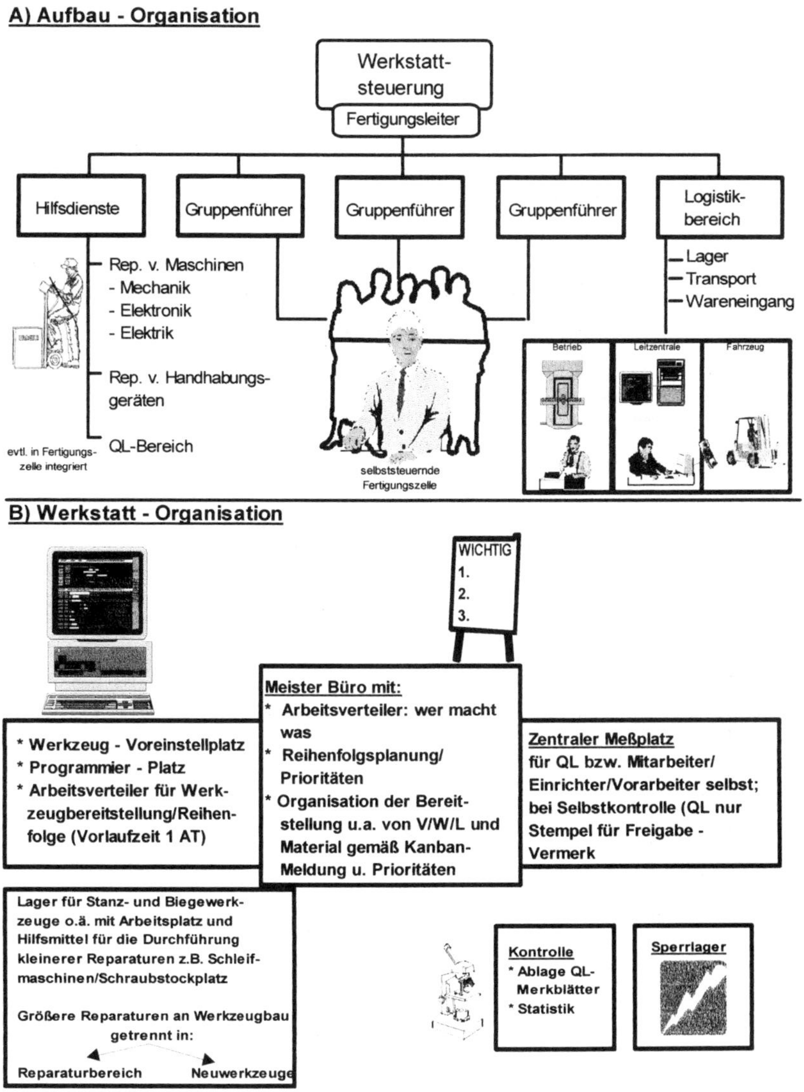

Bild 7.12:

Ein Arbeitsplatz innerhalb der Werkstattorganisation

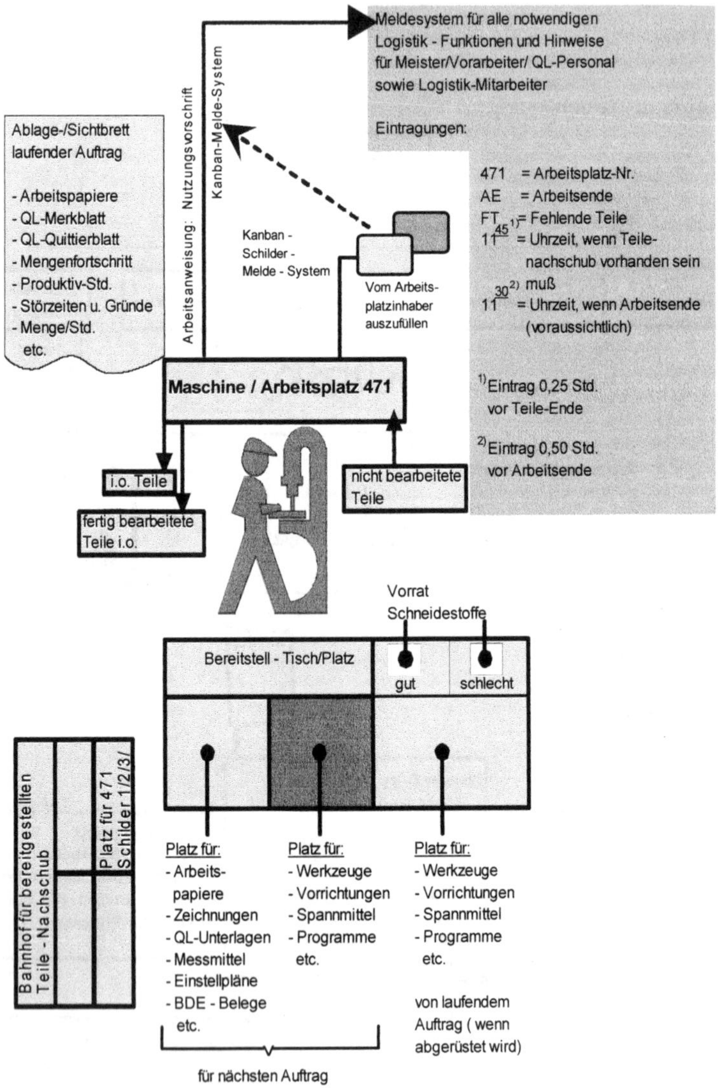

8. Umsetzen des Gedankengutes Lean-Production der Gruppenarbeit in der Fertigung

Die Vorteile der Gruppenarbeit, verbunden mit der dargestellten Werkstattorganisation / Werkstattsteuerung liegen auf der Hand:

- Abbau von nicht wertschöpfenden Arbeitsvorbereitungskosten in Planung und Steuerung
- Verbessern und Wiederherstellen der durch den DV-Einsatz teilweise verlorengegangenen Verantwortlichkeit und Motivation aller an Ausführung und Disposition Beteiligten
- Radikales Senken der benötigten Durchlaufzeiten und Bestände und Verbesserung der Reaktionsfähigkeit
- Es werden genau die Aufträge zuerst gefertigt, die die höchste Priorität haben, gemäß neuester Information
- Vereinfachen von Abläufen, Beleg- und Informationsflüssen und damit Erhöhung der Transparenz in der Werkstatt / vor Ort
- Nutzen der Steuerungsmöglichkeiten auf Gruppenebene, damit Verminderung der Steuerungs-, Abwicklungs- und PPS-Kosten
- Leichte Durchschaubarkeit und keine Auswirkung auf die elektronische Datenverarbeitung, bzw. auf die heute üblichen Verfahren zur Produktionsplanung und Steuerung (PPS)

Dazu müssen aber:

⇨ Alle Mitarbeiter für die neue Herausforderung sensibilisiert und befähigt werden, denn der Mensch ist letztlich der Schlüssel zum erfolgreichen Unternehmen

⇨ Das arbeitsteilige Denken muss zugunsten eines übergreifenden, gesamtverantwortlichen Denkens überwunden werden. Die Mitarbeiter müssen verstehen lernen, auf welche Weise ursprünglich funktional abgegrenzte Arbeitsfelder miteinander in Verbindung stehen. Ziele müssen vereinbart und gemeinsam getragen werden

⇨ Nicht die Hierarchie bestimmt den betrieblichen Alltag, sondern das Team. Alle Kontaktpersonen / Kostenstellen werden als Kunden betrachtet. Eigeninitiative, kooperatives Planen, Selbststeuerung und Kontrollieren geschieht also mit Produktabnehmern innerbetrieblich und außerbetrieblich ebenso, wie mit Lieferanten

⇨ Notwendiges Können und flexibler Einsatz muss geschult werden und das Teamdenken bringt die Mitarbeiter auch dazu, das Erreichbare zu wollen.

⇨ Einbeziehung der Gruppenarbeit in eine leistungsfähige Werkstattorganisation und Werkstattsteuerung mit erweitertem Dispositionsspielraum, Selbststeuerung und Eigeninitiative (Produktionsteams)

⇨ Qualifizierung der Mitarbeiter und direkte Einbindung der Mitarbeiter in die Qualitätsverantwortung

⇨ Schaffen von Personalpuffern über Aushilfskräfte / Freiberufler, die nach Bedarf abgerufen, eingesetzt werden können.

⇨ Die Aufgabe der Unternehmensleitung ist es, dafür zu sorgen, dass Kompetenz, Verantwortung, Eigeninitiative, Einflussbereich und Entlohnung übereinstimmen, denn das Gedankengut Lean-Production kann nicht gegen die Mitarbeiter durchgesetzt werden, nur weil der Markt es verlangt

Somit sind Führung und Motivation eine Sache, die sich auch in Form von Transparenz und Anerkennung, also auch in der Entlohnung, niederschlagen muss. Ein Anreiz muss geschaffen werden, dass dieses Denken tatsächlich und umfassend gelebt wird. Das Entlohnungssystem ist der Faden der die Teams zusammenhält.

8.1 Organisation und Einführung von Gruppenarbeit

Die Organisation der Gruppenarbeit gliedert sich im Wesentlichen auf in:

- ☐ Ziele der Gruppenarbeit
- ☐ Aufgabenprofil der Gruppe / Kernaufgaben
- ☐ Selbstorganisation / Autonomie der Gruppe
- ☐ Erfüllung von Produktionsprogrammen
- ☐ Zeitdisposition / Personaleinsatzplanung einschließlich Urlaubsplanung und Gleizeitaufbau / -abbau
- ☐ Materialplanung und –Abruf, insbesondere bei KANBAN-Systemen
- ☐ Grenzen der Gruppenarbeit / -kompetenz
- ☐ Die Rolle des Gruppensprechers / Aufgaben der Vorgesetzten
- ☐ Qualifizierung fachlich, sozial, methodisch

Bei der Einführung / Umsetzung sollte beachtet werden:

- **Umsetzung – Was ist bei der Einführung der Gruppenarbeit zu berücksichtigen?**
  Es sollten folgende grundsätzliche Aspekte bei der Einführung von Gruppenarbeit berücksichtigt werden:
  - Die Beteiligten müssen frühzeitig informiert und in die Vorbereitung einbezogen werden. Dies gilt insbesondere auch für den Betriebsrat.
  - Das Umfeld muss informiert werden.
  - Gestaltungsziele und Maßstäbe zur Erfolgsbeurteilung müssen festgelegt werden.

- **Vorgehensweise – Einführungsschritte vor Start der Gruppenarbeit**
  Bevor die Gruppe installiert wird, sollten folgende Schritte vollzogen werden:
  - Es empfiehlt sich, ein Projektteam einzusetzen, in dem Führungskräfte, Betriebsrat, Personalabteilung und eine Auswahl der betreffenden Mitarbeiter mitwirken.
  - Im Vorfeld muss sorgfältig geprüft werden, ob die Gruppe „gruppenfähig“ ist, bzw. das Potential für Gruppenfähigkeit hat.
  - Aufgaben und Kompetenzen der Gruppe müssen klar definiert und schriftlich festgehalten werden.

- Die Schnittstellen zu anderen Bereichen / Gruppen sind zu klären.
- Die Aufgaben des Vorgesetzten sind klarzustellen, z.B.:
    - Koordination außerordentlicher Aufgaben
    - Festlegung von Prioritäten, abgesehen von der im Zuständigkeitsbereich der Gruppe liegenden Feinplanung
    - Die Entscheidung über Zuständigkeiten der Gruppe in unklaren Fällen
- Aufgaben des Gruppensprechers müssen definiert und von demjenigen Meister / Fertigungsleiter abgegrenzt werden
- Mögliche Auswirkungen auf das Entlohnungssystem sind zu prüfen
- Die Gruppensprecher müssen qualifiziert werden.
- Es sollte ein Einführungsseminar veranstaltet werden, u.a. um ein einprägsames Erlebnis für den Start der Gruppenarbeit zu schaffen.
- Es ist ein klarer Terminplan für den Einführungsprozess zu vereinbaren.

- **Umsetzungsschritte nach Start der Gruppenarbeit**

  Um die Mitarbeiter / die Gruppen nicht zu überfordern, wird ein modulares Einführungskonzept mittels Projektplan empfohlen. In sinnvollen Zeitabständen sollen die einzelnen Aufbaustufen / Maßnahmeschritte realisiert werden, z.B.:

  - Wer macht was heute? / Wer soll es zukünftig machen?
  - Qualifikationsmaßnahmen
  - Feinplanung / Materialbereitstellung der Aufträge
  - Zeitautonomie
  - Entlohnungsprobleme etc.

  Die Einführungsphase sollte sachkundig begleitet werden. Vor allem der Gruppensprecher benötigt ein Coaching, wie er z.B. konstruktive Kritik durchführt und wie er Gruppenbesprechungen moderiert. Eventuell externe Möglichkeiten nutzen.

- **Betreuung der Gruppe nach Einführung / Nachbearbeitung**

  Mittels Zielvorgaben und Kontrolle des jeweiligen Zielerreichungsgrades, sowie der Visualisierung von Produktivitäts- / Qualitäts- und sonstigen Kennzahlen, wie z..B. Termineinhaltung etc., werden die Gruppen geführt. Unstimmigkeiten werden zusammen mit den Vorgesetzten schnell und einvernehmlich geregelt. Das Führungsinstrument hierzu ist die KVP-Tafel.

  Der Einfachheit wegen, soll die praktische Umsetzung im Unternehmen anhand eines Beispiels – *Gruppenarbeit in einem Fertigungsbetrieb* – dargestellt werden:

  Leitbild Gruppenarbeit
  Beschreibung einer Arbeitsgruppe
  Aufgabenprofil dieser Arbeitsgruppe
  Maßnahmeplan / Einführungsschritte
  Schrittfolge und Arbeitsblätter für die Einführung von Gruppenarbeit
  Anlern- / Qualifikationsmatrix
  Instrument zur Führung und Durchsetzung von Gruppenarbeit, KVP-Tafel

8.2 Leitbild Gruppenarbeit

Ziele der Gruppenarbeit

Wesentliche Ziele der Gruppenarbeit sind:

- Erreichung einer verbesserten Wirtschaftlichkeit und Termintreue
- Bereicherung bisheriger Arbeitsinhalte
- Abbau von monotonen und körperlich anstrengenden Arbeiten und dadurch möglichst weitgehende Reduzierung von Fehlbeanspruchung
- Erwerb und Förderung neuer Qualifikationen
- Kombination von planerischen, ausführenden, kontrollierenden, entscheidenden und kommunikativen Elementen
- Schrittweise Anpassung bestehender Arbeitsplätze in kooperative Arbeitsstrukturen, in denen sich die für die erweiterten Aufgaben notwendigen Qualifikationen entfalten können
- Gegenseitiges Helfen und Kümmern (Soziales Verständnis)

Kernaufgaben der Gruppe

Die Gruppe hat gemeinsame Kernaufgaben, die in Absprache mit dem betrieblichen Vorgesetzten erfüllt werden. Es sind dies:

- Selbstorganisation bei der internen Aufgabenverteilung
- Erfüllung eines Produktionsprogrammes und der Qualitätsanforderungen
- Ausgleich von Kapazitätsschwankungen durch Personaleinsatzplanung und Terminabstimmung
- Flexible Arbeitszeitgestaltung, Gleitzeitaufbau / -abbau, Personalpuffer, Trennen Personal- und Maschinenzeit
- Mitgestaltung der Arbeitsinhalte, Arbeitsbedingungen, Arbeitssicherheit, Arbeitsorganisation und Arbeitsumgebung
- Einarbeitung neuer Mitarbeiter durch gegenseitiges Training
- Bewertung von Qualifikation durch Inforotation
- Sicherstellung des Informationsflusses untereinander ebenso zu vor- und nachgeschaltetem Bereich durch kombinierte Bring- / Holpflicht (kümmern)
- Kontinuierlicher Verbesserungsprozess zur Vereinfachung und Erleichterung der Arbeit und Optimierung der Fertigung und der Qualität (Abgrenzung zum Verbesserungsvorschlagswesen zu KVP)
- Förderung des kreativen, innovativen und selbständigen Denkens und Handelns bei den Mitarbeitern
- Verbesserung des Arbeits- und Umweltschutzes

Die Details sind im Aufgabenprofil der jeweiligen Arbeitsgruppe festgelegt.

- Ansetzen von Gruppengesprächen nach Bedarf unter Berücksichtigung der Fertigungssituation
- Visualisieren der Ergebnisse
- Führen und pflegen der Infotafeln

Grenzen der Gruppenkompetenz

Nicht in die Kompetenz der Gruppen fallen Entscheidungen, die unternehmerische Zielsetzungen betreffen oder die Mitwirkung oder Mitbestimmung des Betriebsrates aufgrund des BetrVG bzw. aufgrund sonstiger gesetzlicher oder tariflicher Bestimmungen bzw. betrieblicher Vereinbarungen voraussetzen.

Qualifizierung

- Geschäftsführung und Betriebsrat stimmen überein, dass zur Bewältigung der Anforderungen an das neue Arbeitssystem Qualifizierungsmaßnahmen erforderlich sein können.
- Die Planungen der Qualifizierungsmaßnahmen werden mit dem Betriebsrat abgesprochen.
- Die Auswahl der Teilnehmer für die einzelnen Qualifizierungsmaßnahmen erfolgen in der Regel auf Vorschlag der Gruppe, des Gruppensprechers und des betrieblichen Vorgesetzten nach tatsächlichem Bedarf.
- Der Stand der Qualifizierung wird auf einer Qualifizierungsmatrix in der Gruppe dargestellt.

Gruppengespräche

- Gruppengespräche finden innerhalb der Arbeitszeit statt.
- Die Gruppengespräche finden nach Bedarf statt und werden von der Gruppe selbst bestimmt.
- Fach- und Führungskräfte sowie Betriebsrat können zur Klärung spezifischer Fragen hinzugezogen werden.
- Die Gruppengespräche müssen mit den Inhalten der jeweiligen Zielvereinbarungen bzw. deren Umsetzungen, sowie den KVP-Prozessen übereinstimmen

Gruppensprecher/in

- Der / die Gruppensprecher/in vertritt die Gruppe nach innen und außen. Er / sie hat gegenüber seinen Gruppenmitgliedern bis auf weiteres Weisungsbefugnis.

Festlegung Gruppensprecher/in

- Der / die Gruppensprecher/in werden mit Zustimmung der Betriebsleitung festgelegt.

Aufgaben des / der Gruppensprechers/in

- Ausgleich von Meinungsverschiedenheiten
- Sicherstellen des Informationsaustausches
- Koordination der Gruppe
- Unterstützen der Vorgesetzten und des Auftragszentrums
- Organisation der Arbeitsverteilung
- Leitung der Gruppengespräche
- Unterstützung der Gruppenmitglieder
- Sicherstellung der Kernaufgaben der Gruppe

Zusammensetzung der Gruppen

- Die Gruppen sind in ihrer Größe so zu benennen, dass ein gruppenspezifischer Prozess stattfinden kann.
- Die Gruppe sollte nach Möglichkeit nicht mehr als 15 Mitarbeiter/innen betragen.
- Das Stammpersonal einer Gruppe ist in einer Qualifizierungsmatrix eindeutig festzulegen und zu bestimmen (Stammkostenstelle / -Gruppe)

Entlohnung

Die Fragen der Entlohnung richten sich nach den tarifrechtlichen Grundsätzen bzw. werden in einer separaten Vereinbarung festgelegt.

Funktion der Vorgesetzten

Die Gruppenarbeit erfordert eine Veränderung der Führungsaufgaben des Vorgesetzten. Schwerpunkte seiner / ihrer Führungsfunktion sind u.a.:

- Betreuen seiner / ihrer Gruppe
- Vereinbarung von Zielen
- Unterstützung der Gruppe zur Erreichung von Zielen
- Gruppen- und bereichsübergreifende Information, Koordination und Kommunikation, über AZ hinausgehend.
- Informationsaustausch über die Gruppe hinaus
- Unterstützung bei Problemlösungen insbesondere im Rahmen des kontinuierlichen Verbesserungsprozesses (KVP)

- Unterstützung im Qualifizierungsprozess
- Mitarbeiterführung
- Führen von Mitarbeitergesprächen

Personaleinsatz

Der Personaleinsatz über die Gruppe hinaus, obliegt der Verantwortung des AZ / Vorgesetzten. Die Besetzung der einzelnen Arbeitsplätze innerhalb der Gruppe wird durch die Gruppe selbst geregelt und bestimmt.

Regelungen von Unstimmigkeiten

Unstimmigkeiten werden zusammen mit den Vorgesetzten einvernehmlich geregelt.

8.3 Beispiel: Gruppenarbeit in einem Fertigungsbereich

8.3.1 Beschreibung einer Arbeitsgruppe

MONTAGE ENDPRODUKTE TYP XY

Anzahl Arbeitsplätze:

- 4 Schweißroboter
- 2 Handpunktzangen
- 1 Bolzenschweißgerät (mobil)
- 1 Bolzenschweißgerät (fest)
- 5 Punktschweißmaschinen
- 3 Handschweißplätze
- 7 Montagearbeitsplätze
- 1 Stapler

Anzahl Maschineneinsteller / Gruppenführer / Vorarbeiter:	1
Anzahl Maschinenbediener / (Schweißer)	4
Anzahl Monteure / Abnahme	7
Anzahl QL-Personal (mitarbeitend)	1
Anzahl Logistik-Personal / Helfer	1
Anzahl Schichten:	2 - 3

Arbeitsbereichsdarstellung:

Schemabild

Arbeitsplätze etc.

8.3.2 Aufgabenprofil einer Arbeitsgruppe

MONTAGE ENDPRODUKTE TYP XY

Produktion / Arbeitsaufgabe	– Montage Untergruppen – Montage Einschübe – Endmontage, Verpacken, Verschrauben auf Palette, Kennzeichnen – Transport innerhalb der Montagelinie – Kostengünstigste Produktion durch Kennen der unterschiedlichsten Platz- / Fertigungskosten in der Produktion – Unterweisung Kollegen
Qualitätssicherung / Kontrolle	– Selbstkontrolle – Einzelprüfungen Untergruppe / Einschübe – Visuelle Prüfung – Messprüfungen – Funktionsprüfungen der beweglichen Teile – Vollständigkeitsprüfung – Dokumentation in Abnahmeprotokoll – Selektion Ausschussteile, Kennzeichnung und Meldung an QS
Rüsten / Einrichten Prozessvorbereitung und -sicherung	– Vorrichtung für Untergruppen einstellen / Ein- / Ausbau – Elektronische Prüfgeräte einstellen / Ein- / Ausbau – Werkzeugvoreinstellung / -Qualität – Materialbereitstellung (Vorrichtungen, Schablonen, Messmittel etc.)
Instandhaltung / Wartung Prozesssicherung	– Wartung Schablonen – Wartung Hubbühnen – Wartung Prüfgeräte – Wartung Schrauber – Wartung Messmittel – Überprüfung und Wartung der Wartungseinheiten – Wartungspläne erstellen (wer macht wann was) – Werkzeuge und Vorrichtungen betreuen (einlagern, sortieren) – Selbständige Ersatzteil- und Werkzeugbeschaffung – Wartung, Instandhaltung der Maschinen und Werkzeuge (Fehlererkennung und –beseitigung) – Hilfsstoffbeschaffung (Fette, Öle, usw.) – Veranlassung Einsatz von Fremdpersonal zur Instandsetzung – Lagerführung Ersatzteile

Verantwortung KANBAN-Lager / Bereitstell-Lager / Bahnhof	– Bestandsverantwortung KANBAN-Teile – Bestandsverantwortung C-Teile – Bestandsverantwortung E-Teile (Bauhausteile) – Bestandsverantwortung Kommissionsteile – Sauberkeit - Ordnung – Lagerort festlegen – Restmengen einlagern – Mindestbestands-Fehlmengenmeldung – Inventur (permanent) mind. 1 x pro Woche, abgleichen Soll-Ist KANBAN-Karten – Entnahme durch Mitarbeiter – Arbeitssicherheit beim Einlagern

Organisation / Planung der Arbeit / Ausführung Steuerung / Transport	– Verantwortung für KANBAN-Karten und KANBAN-Behälter – Anfordern von bereitgestelltem Material (C- und E-Teile) (KANBAN, Schecks, direkte Belieferung, Fertigung) – Verantwortung intern für C-Teile, E-Teile, Puffer – Anlieferung, Sortieren neue Aufträge – Abklären Fehlteilsituation – Transport Gestell von Lackieranlage zu Puffer – Veranlassen Abtransport montierte / geprüfte Schaltschrankuntergruppen – Leergutorganisation – Produktionspläne erstellen in Abstimmung mit anderen Gruppen – Setzen von Prioritäten (wer macht was) – Erfüllung von Plan-Soll – Arbeitskarten bereitstellen an Auslastungsplantafel

Selbstorganisation / Arbeitszeit / Termine	– Planung Jahresurlaub, Resturlaub unter Berücksichtigung betrieblicher Erfordernisse – Planung Schichteinteilung / Schichtübergabe – Planung Überstunden – Planung Zeitausgleich / Freischichten – Planung Gruppengespräche – Abfalltrennung – Entsorgung Leergut, Kartonagen, Abfall – Ordnung und Sauberkeit im gesamten Gruppenbereich – Einhaltung von Terminen

Personal-entwicklung / Qualifizierung	– Permanente Wissensstandsermittlung / Erweiterung – Qualifizierungsplan (wer kann was) auf Basis „festgelegten Qualifikationsbedarf der Gruppe – Schulungsplan erstellen

Leistung	– Optimale Maschinen- / Anlagennutzung – Optimale Produktivität der Gruppe – kostengünstigste Produktivität durch „kennen“ der unterschiedlichsten Fertigungsmöglichkeiten und Kosten der Gruppe

K V P	– Setzen von Zielen – Verbesserungen innerhalb der Gruppe permanent – Teilnahme an KVP-Sitzungen – Einbringen von Verbesserungsvorschlägen

Visualisierung	– Führen von Visualisierungstafeln gemäß Vorgaben

8.3.3 Schrittfolge und Arbeitsblätter für die Einführung von Gruppenarbeit

1. Schemabild: Istzustand der zukünftigen Arbeitsgruppe

2. Schemabild: Kommunikation und Zusammenarbeit mit vor- und nachgeschalteten Dienstleistern nach dem Kunden-Lieferantenprinzip im Rahmen der zukünftigen Aufgaben / Vorgaben / Ziele

3. Aufgabenprofil der Arbeitsgruppe - ISTZUSTAND
Wer macht was heute?

4. Aufgabenprofil der Arbeitsgruppe - SOLLZUSTAND
Wer macht was zukünftig?

5. Darstellung: Personalentwicklung / Qualifizierung
→ Wer kann was?
→ Was sollte er können?

6. Schemabild: Sollzustand der zukünftigen Arbeitsgruppe / Team

Schemabild: *Istzustand zukünftige Gruppe*

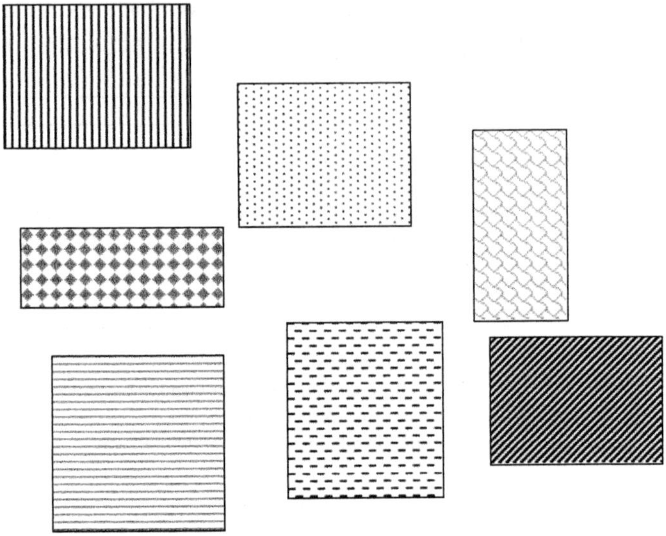

Bestehend aus:

Maschinen- / Arbeitsplatz - Typen	Anzahl
• • •	• • •

Personal nach Qualifizierungsmerkmalen	Anzahl Schicht 1	Anzahl Schicht 2	Anzahl Schicht 3
Meister			
Vorarbeiter / Gruppenf.			
Einrichter Typ A			
Einrichter Typ C			
Masch.-Bediener Typ A			
Masch.-Bediener Typ B			
Werker Typ A			
Werker Typ B			
Helfer Typ A			
Helfer Typ B			
Kontrolle			
Logistik-Person			
etc. • • •			

Schemabild: *Kommunikation und Zusammenarbeit mit vor- und nachgeschalteten Dienstleistern nach dem Kunden-Lieferantenprinzip im Rahmen der zukünftigen Aufgaben, Vorgaben, Ziele*

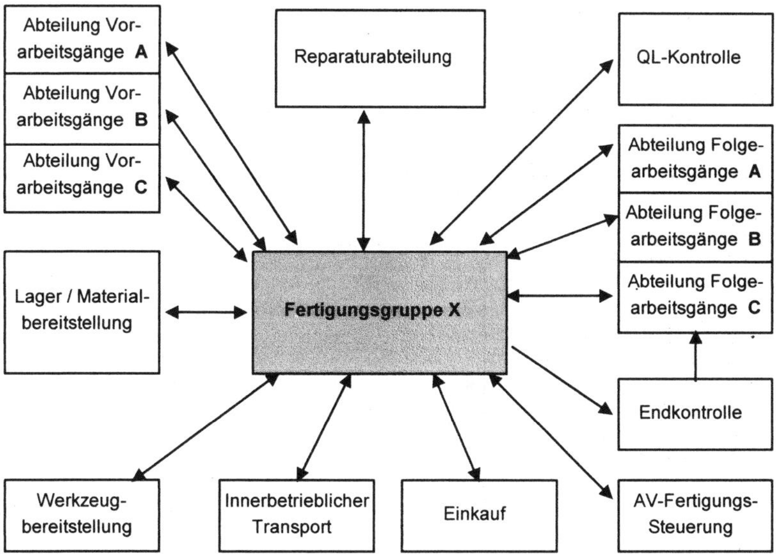

Durch Gruppenarbeit und Teamorganisation sowie

→ HOL-PRINZIPIEN

und

→ KÜMMERN

muss die Zusammenarbeit zwischen der Gruppe und den Kunden / Lieferanten lt. Bild oben, permanent mittels KVP-Techniken verbessert werden.

Aufgabenprofil der Arbeitsgruppe – ISTZUSTAND
Wer macht was heute ?

	Tätigkeiten / Aufgaben	Meister	Vorarbeiter	Einrichter Typ A	Einrichter Typ B	Maschbed. Typ A	Maschbed. Typ B	Werker Typ A	Werker Typ B	Helfer Typ A	Helfer Typ B	Kontrolle	Logistikperson
1.	**Produktion / Fertigen**												→
1. 1	- Montage Untergruppen							X					
1. 2	- Kennzeichnen									X			
1. 3	—												
1. 4	—												
2.	**Qualitätssicherung / Kontrolle**												
2. 1	—												
2. 2	—												
3.	**Rüsten / Einrichten / Prozessvorbereiten und sichern**												
3. 1	—			X									
3. 2	—												
4.	**Instandhaltung / Wartung**												
4. 1	- Maschine												
4. 2	- Werkzeuge												
4. 3	- Prüfmittel												
5.	**Verantwortung KANBAN-Lager, Bereitstell-Lager / Bahnhof**												
5. 1	—												
5. 2	—												
6.	**Organisation / Planung der Arbeit, Ausführung, Steuerung, Transport**												
6. 1	—												
6. 2	—												

Aufgabenprofil der Arbeitsgruppe – SOLLZUSTAND
Wer macht was zukünftig ?

X = Soll die Tätigkeit auch weiter machen

● = Soll diese Tätigkeit auch durchführen / muss dafür angelernt werden

	Tätigkeiten / Aufgaben	Meister	Vorarbeiter	Einrichter Typ A	Einrichter Typ B	Maschbed. Typ A	Maschbed. Typ B	Werker Typ A	Werker Typ B	Helfer Typ A	Helfer Typ B	Kontrolle	Logistikperson
1.	**Produktion / Fertigen**												→
1. 1	- Montage Untergruppen							X					
1. 2	- Kennzeichnen							●	←	X			
1. 3	—												
1. 4	—												
2.	**Qualitätssicherung / Kontrolle**												
2. 1	—							●	←	—	—	X	
2. 2	—												
3.	**Rüsten/Einrichten/Prozess vorbereiten und sichern**												
3. 1	—			X	—	—	→	●					
3. 2	—												
4.	**Instandhaltung / Wartung**												
4. 1	- Maschine												
4. 2	- Werkzeuge												
4. 3	- Prüfmittel												
5.	**Verantwortung KANBAN-Lager, Bereitstell-Lager / Bahnhof**												
5. 1	—												
5. 2	—												
6.	**Organisation / Planung der Arbeit, Ausführung, Steuerung, Transport**												
6. 1	—												
6. 2	—												

Darstellung: Personalentwicklung / Qualifizierung
Wer kann was?
Was sollte er können?

0 = beherrscht Tätigkeit nicht und auch ungeeignet
1 = beherrscht Tätigkeit nicht, aber anlernbar
2 = beherrscht Tätigkeit in geringem Umfang, anlernen
3 = beherrscht Tätigkeit, keine weitere Unterweisung notwendig
4 = beherrscht Tätigkeiten, kann andere anlernen

	Namen je Qualifizierungs-merkmal / Tätigkeiten / Aufgaben	Meister		Einrichter			Werker				Helfer		
		M 1	M 2	E 1	E 2	E 3	W 1	W 2	W 3	W 4	H 1	H 2	H 3
1.	**Produktion / Fertigen**												→
1. 1	- Montage Untergruppen						3			3		1	
1. 2	- Kennzeichnen						1 ◄	←	←	←	←	3	
1. 3	—												
1. 4	—												
2.	**Qualitätssicherung / Kontrolle**												
2. 1	—						2 ◄	←	←	←	←	←	S
2. 2	—												
3.	**Rüsten / Einrichten / Prozess vorbereiten und sichern**												
3. 1	—			3 →	→	→	► 1						
3. 2	—												

Anlernmatrix

Aus dem Ergebnisblatt „Sollzustand zukünftige Arbeitsgruppe" und „Wer kann was und was sollte er können?", ergibt sich für die Gruppenmitglieder 1 – 4 nachfolgende Qualifikationsmatrix, die Schritt für Schritt umgesetzt werden muss.

Denn das Qualifizierungsziel lautet: Jeder Mitarbeiter soll wenigstens über drei, besser fünf, verschiedene Arbeitsplatzqualifikationen verfügen; für welche Mitarbeiter müssten noch Qualifizierungsmaßnahmen geplant werden? Und wenn für jeden Arbeitsplatz / Technologie mindestens drei, besser fünf, qualifizierte Mitarbeiter zur Verfügung stehen sollen; für welche Arbeitsplätze müssten dann noch Qualifizierungsmaßnahmen organisiert werden?
Namen: ______________________________

Personalentwicklungsplan	**Stand der Qualifizierung im Betrieb**

Als Ergebnis dieser Ausbildungsplanung/Personalentwicklungsplanung ergibt sich folgender beispielhafter Stand der MITARBEITER QUALIFIZIERUNG im Betrieb

Auszug auf REFA-Nachrichten Heft 1, Mai 1991

Wenn das Qualifizierungsziel lautet: Jeder Mitarbeiter soll wenigstens über drei Technologie-Qualifikationen verfügen; für welche Mitarbeiter müßten noch Qualifizierungsmaßnahmen geplant werden?
Namen: ______________________________

Wenn für jede Maschine/Technologie mindestens drei qualifizierte Mitarbeiter zur Verfügung stehen sollen; für welche Arbeitsplätze müßten dann noch Qualifizierungsmaßnahmen organisiert werden?
Namen: ______________________________

Personalentwicklungsplan — **Stand der Qualifizierung im Betrieb**

- Mechanische Werkstatt mit CNC-gesteuerten und konventionellen Werkzeugmaschinen -

Zusatzinfo
1 = geeignet, aber noch nicht angelernt
2 = geeignet, teilweise angelernt
3 = geeignet, angelernt
4 = geeignet, kann andere anlernen

Personal – Name	Stamm-Nr.	Eintritt	M 1 Typ A	M 2 Typ A	M 3 Typ B	M 4 Typ C	X 1 Typ X	X 2 Typ X	X 3 Typ X	X 4 Typ Y	X 5 Typ Y	S 1 Typ S	S 2 Typ Z	S 3 Typ R
Bauz, M.	04045903	01.10.xx	●		❍	❍		❍		❍				
Blauig, W.	17116506	01.04.xx	●			❍							❍	
Habel, H.	22055807	03.09.xx	❍	●										
Ider, K.	17054205	11.01.xx		●			❍		❍		❍			
Kramer, J.	28114707	09.04.xx	32/xx		●							❍		
Matt, E.	13013804	05.10.xx		40/xx	●	❍							❍	
Müller, S.	11115701	27.11.xx			❍	●								❍
Meyer, S.	11115701	01.03.xx					●	❍				❍		
Neon, P.	03135108	01.09.xx					●		25/xx		❍			
Otmar, J.	08086406	03.08.xx		30/xx		❍	❍	●		❍				

● Stammarbeitsplatz | ❍ auch für diesen Arbeitsplatz qualifiziert | xx/xx wird z.Zt. qualifiziert, gepl. Abschluß Woche/Jahr

Schemabild: *Sollzustand zukünftige Arbeitsgruppe / Team*

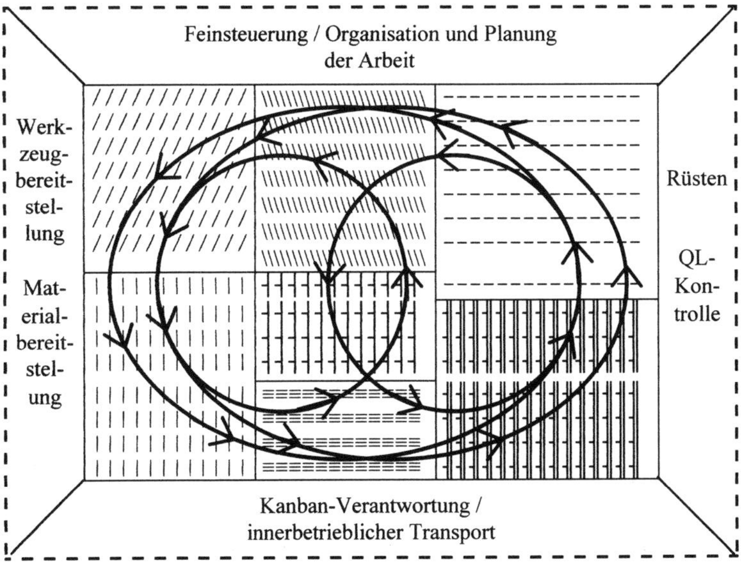

Bestehend aus:

Maschinen-/Arbeitsplatz-Typen/ Info-Systeme	Anzahl
•	•
•	•
•	•

Personal nach Qualifizierungs-Merkmalen	Gruppe 1			Gruppe 2 →		
	Schicht 1	Schicht 2	Schicht 3	Schicht 1	Schicht 2	Schicht 3
Teamleiter						→
Gruppenleiter/-sprecher						
Team-Mitglied 1						
Team-Mitglied 2						
Team-Mitglied 3						
Team-Mitglied 4						
Team-Mitglied 5						
Team-Mitglied 6						
Team-Mitglied 7						
Team-Mitglied 8						

8.3.4 Flexibilitätszulage bei Gruppenarbeit und Höherqualifizierung

Wobei die Qualifizierungsmerkmale, an wieviel unterschiedlichen Arbeitsplätzen ist wer angelernt und beherrscht sie auch, sich dies auch positiv in der Entlohnung – hier Teil „ZULAGEN" – widerspiegeln sollte.

A) Qualifikationsformular Fach- und Methodenkompetenz / Flexibilität / Kompetenzzuschlag

Einstufung nimmt Meister / Fertigungsleiter nach Einarbeitung vor, Datum wird auf Qualifizierungstafel eingetragen und nächstes Audit mit Datum festgelegt.

Name	Fertigungsgruppe 1				Fertigungsgruppe 2					Fertigungsgr. 3			Fert.-Gr. 4		Summe fachl.
	Mas. 1	Mas. 2	Mas. 3	Mas. 4	Mas. 1	Mas. 2	Mas. 3	Mas. 4	Mas. 5	Mas. 1	Mas. 2	Mas. 3	Mas. 1	Mas. 2	
Beispiel:															
A: neue Mitarb.	1	1	--	--	--	--	--	--	--	1	--	--	--	--	3
B: Stamm-MA	2	2	2	2	1	1	2	2	2	1	1	1	1	1	21
C: „Top"-MA	3	3	3	3	2	2	2	2	3	2	2	3	1	1	32
D: Stamm-MA	3	2	2	3	1	1	1	1	1	1	1	1	1	1	20
Summe angel. MA	3/1	3/1	3/0	3/0	1/2	1/2	2/1	2/1	2/1	1/3	1/2	1/2	0/3	0/3	

Legende:
1: führt Funktion nach Anweisung aus
2: führt Funktion selbständig aus
3: führt Funktion selbständig aus, erkennt Zusammenhänge, ist in der Lage andere einzuweisen

B) Flexibilitätszulage
Die Anzahl Punkte entspricht einer bestimmten Qualifizierungs- / Flexibilitätszulage (maximal 50 % des Bonusbetrages von Leistungsteil), siehe Abschnitt 9.3.

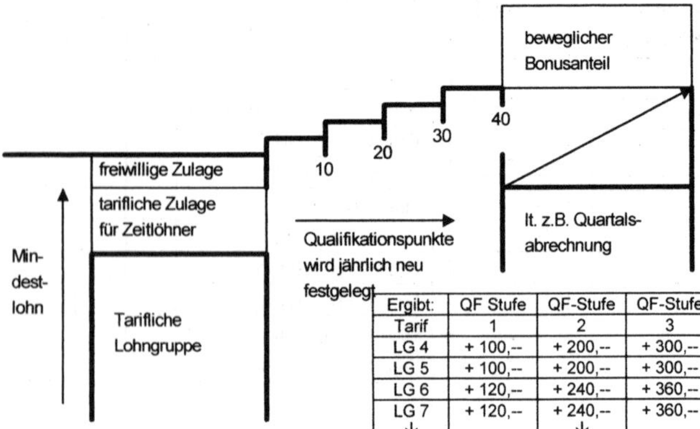

Ergibt: Tarif	QF Stufe 1	QF-Stufe 2	QF-Stufe 3	QF-Stufe 4
LG 4	+ 100,--	+ 200,--	+ 300,--	+ 400,--
LG 5	+ 100,--	+ 200,--	+ 300,--	+ 400,--
LG 6	+ 120,--	+ 240,--	+ 360,--	+ 480,--
LG 7 ↓	+ 120,--	+ 240,-- ↓	+ 360,--	+ 480,-- ↓

C) Lohnaufbau

Somit kann sich der Lohnaufbau beispielhaft gliedern

→ Tarif
→ Tarifliche Zulage
→ Freiwillige Zulage
→ Flexibilitätszulage, lt. obiger Darstellung
→ Variabler Bonus je Zeitraum, siehe Abschnitt Pkt. 9.3

Dadurch eventuell entstehende Mehrkosten in der Entlohnung, werden mit Sicherheit durch folgende Ratio-Effekte aufgefangen, bzw. die Stückkosten weiter gesenkt, durch:

- Abbau von nicht wertschöpfenden Arbeitsvorbereitungskosten in Planung und Steuerung
- Abbau von Gemeinkostenzeiten und nicht wertschöpfenden Tätigkeiten durch die Selbstorganisation der Mitarbeiter im Rahmen ihrer Dispositionsfreiheit
- Radikales Senken der Durchlaufzeiten, Bestände, Verbesserung der Reaktionsfähigkeit zum Kunde
- Es werden genau die Aufträge zuerst gefertigt, die die höchste Priorität gemäß Kundenwunsch haben. Ergibt im Ergebnis höheren Umsatz.
- Vereinfachen von Abläufen, Beleg- und Informationsflüssen und damit Erhöhung der Transparenz in der Werkstatt / vor Ort
- Nutzen der Steuerungsmöglichkeiten auf Gruppenebene , damit Verminderung der Steuerungs-, Abwicklungs- und PPS-Kosten
- Leichte Durchschaubarkeit und keine Auswirkung auf die elektronische Datenverarbeitung, bzw. auf die heute üblichen Verfahren zur Produktionsplanung und Steuerung (PPS)
- Erheblich höhere Termintreue und Produktivität

8.3.5 Visualisierungstafeln zur Durchsetzung einer funktionierenden Gruppenarbeit

Das Instrument zur Führung und Durchsetzung von Gruppenarbeit sind sogenannte KVP-VISUALISIERUNGSTAFELN, die von jeder Gruppe / von jedem Team geführt werden und anhand deren Eintragungen die Aktivitäten der Gruppe bzw. deren Ergebnisse in bezug auf Produktivität, Termineinhaltung etc. abgelesen werden können.

Erst wenn diese Tafeln von den Gruppenmitgliedern / den Verantwortlichen ordnungsgemäß und vollständig, gemäß vorgegebenem Zeitraster, geführt werden, kann davon ausgegangen werden, daß die Gruppenarbeit angenommen worden ist und wie geplant funktioniert.

Bild 8.1: *KVP-Gruppenarbeit-Visualisierungstafel*
(Instrument zur Führung und Durchsetzung von Gruppenarbeit)

	WIR ALS TEAM			INFORMATIONEN			UNSERE ERFOLGE GEMÄSS ZIELVEREINBARUNG			UNSERE KVP-AKTIVITÄTEN		
Was	**Gruppen-zusammen-setzung**	**Qualifi-kations-matrix**	**Anw.-Zeit-übersicht**	**Auslastung (Plantafel)**	**Info von Kunden**	**Sonstige Mitteil.**	**Produk-tivität %**	**Verkaufte Std.**	**Rekla-mationen in DM**	**Offene Probleme**	**Gesetzte Ziele**	**Lösungs-möglich-keiten Stand**
Hilfsmittel	Magnettafel	Magnettafel	BDE-Ausdruck/ Woche	Plantafel Arbeits-belege	Briefe/ Berichte	Aushang	Flip-Chart	Flip-Chart	Flip-Chart	Liste	KVP-Liste	KVP-Liste
Wer	Gruppen-sprecher	Meister	Gruppen-sprecher	Gruppen-sprecher	Vertrieb/ Gruppen-sprecher	Jeder	Gruppen-sprecher	Gruppen-sprecher	Gruppen-sprecher	Jeder	Meister	Meister Gruppen-sprecher Jeder
Wie	umstecken	umstecken	aushängen	umstecken	aushängen	anheften	ausrechnen	ausrechnen eintragen	übertragen von QL-Blatt	von Hand	von Hand	von Hand
Wie oft	täglich pro Schicht	Quartal	wöchentlich /monatlich je Schicht	nach Anfall/ täglich	nach Anfall	nach Anfall	täglich/wö-chentlich/ monatlich	täglich/wö-chentlich/ monatlich	täglich/wö-chentlich/ monatlich	ständig	ständig	wöchent-lich
Verant-wortlich	Gruppen-sprecher	Meister	Gruppen-sprecher	Gruppen-sprecher	Gruppen-sprecher	Jeder	Gruppen-sprecher	Gruppen-sprecher	Gruppen-sprecher	Meister	Meister	Meister Gruppen-sprecher
Fertigungs-zelle **A**	X	X	X	X	X	X	X	X	X	X	X	X
Fertigungs-zelle **B**	X	X	X	X	X	X	X	X	X	X	X	X
Montage-linie **1**	X	X	X	X	X	X	X	X	X	X	X	X
Montage-linie **2**	X	X	X	X	X	X	X	X	X	X	X	X

9. Motivationsziele und passende Entlohnungssysteme für Teamarbeit

Neues Denken und neue Organisationsformen benötigen neue Entlohnungssysteme, insbesondere deshalb, weil die übergeordneten Ziele, wie z.B. Termineinhaltung / Produktivität / Qualität, sowie ein weiter steigender Automatisierungsgrad die Beeinflussung des einzelnen Mitarbeiters in bezug auf Vorgabezeiten zwangsläufig einschränkt.

Geistige Leistungen, qualifizierte Mitarbeiter, Selbstkontrolle, Abbau von Gemeinkostenzeiten, Erhöhung der Präsenzzeit, Mit- und Vorausdenken, werden dagegen immer wichtiger. Es steigt die Anforderung **„Geistige Mitarbeit - Detailorganisation - Selbststeuerung - Eigeninitiative - Selbstkontrolle - Qualitätssicherung nach DIN 9001"**.

Ein Anreiz muss geschaffen werden, dass dieses Denken tatsächlich und umfassend gelebt wird.

Passende Entlohnungssysteme sind somit mit ein Teil des Erfolges insgesamt, bzw. der Faden der die Teams zusammenhält.

Dies können sein:

A) Sogenannte KVP-Systeme (**K**ontinuierlicher **V**erbesserungs**p**rozess)
Einmalprämie nach überschreiten eines vorgegebenen Zieles innerhalb des kontinuierlichen Verbesserungsprozesses

B) Zukunftsorientiert aufgebaute Prämien- / Bonuslohnsysteme die auf anderen quantifizierbaren Bezugsgrößen als ausschließlich der Zeit aufbauen. Durch die individuelle Gestaltungsmöglichkeit eines Prämiensystems kann maximaler Einfluss auf die einzelne Arbeit bzw. die Gruppe genommen werden. Durch den Einbau bestimmter Komponenten, wie z.B. Termintreue, Qualität / Produktivität, errechnete Wertschöpfung zu Mehrkomponentenprämien kann dieser Forderung Rechnung getragen werden

und

Negativprobleme von herkömmlich, akkordähnlich aufgebauten Systemen müssen umgekehrt werden in Motivationsziele durch Lohnsysteme mit Schwerpunkt
„Menschen machen den Erfolg"

Also Honorierung von Know-how und Organisation von unten, mittels Motivations- / Beteiligungssysteme für die Mitarbeiter in den Führungs- / Fertigungszellen an der möglichen Produktivitätssteigerung und durch deren konkrete Einbeziehung in Findung – Aufbau – Abrechnung – Anpassung – Verbesserung des Systems als konsequente Fortsetzung des Lean-Gedankens. Niemand kennt seinen Arbeitsplatz besser, incl. des Umfeldes, als die Mitarbeiter selbst, die dort arbeiten.

Motivationsziele: Bezahlung von Know-how, Vordenken und Mitdenken, 0-Fehler-Arbeit

Bild 9.1: *Ziele der Produktivitätssteigerungssysteme durch optimale Entscheidungen vor Ort, durch die Mitarbeiter selbst*

Störungen / Stillstände / Probleme im täglichen Betriebsablauf werden bei herkömmlich / akkordähnlich aufgebauten Systemen zu **NEGATIVPROBLEMEN** und ergeben hohe Durchschnittsbezahlungen, schlechte Produktivität, hohe Störzeiten **Probleme werden verwaltet**	Mittels neuer, **zeitgemäßer Lohnsysteme** sollen diese NEGATIVPROBLEME umgekehrt werden in **MOTIVATIONSZIELE: Mithilfe bei der Lösung / Reduzierung dieser Probleme** Menschen machen den Erfolg

Ablaufbedingte Störungen wie z.B.
- Werkzeugbeschaffung
- Kontrollabnahme, usw.

Technische Störungen
- Rüstprobleme
- Maschinenfehler
- Werkzeugfehler
- Vorrichtungsfehler, usw.

Organisatorische Störungen
- kein Auftrag
- kein Material
- keine Vorrichtung, usw.

Menschlich bedingte Störungen
- Bedienungsfehler
- Bereitstellfehler
- fehlender Einrichter, usw.

Logistische Störungen
- Bereitstellfehler Teile
- Bereitstellfehler Werkzeuge
usw.

QL-Probleme
- Nacharbeit
- Ausschuss
- Kundenreklamation, usw.

Präsenzzeiten
- Fehlzeiten
- Pausendurchlauf, usw.

ZIEL: Reduzierung der 20 - 30% auf 5 % - 1 %

Vorteile für Mitarbeiter

* Beteiligung an der Mehrproduktivität der Fertigung

=

* Produktivitätsbonus
* KVP-Beteiligung
* zufriedene Mitarbeiter

Vorteile für Unternehmen

* Mehrproduktivität
* geringere Kosten
* höhere Flexibilität und Termintreue
* bessere Qualität
* besser funktionierendes Unternehmen

Ergibt in Summe 20% - 30% der täglichen Arbeitszeit = nicht verrechenbare Zeit	**Motivationsziele: Mithilfe bei der Reduzierung dieser Probleme auf 5% - 1% der täglichen Arbeitszeit**

9.1 Kontinuierlicher Verbesserungsprozess – Was ist das?

KVP bedeutet „*Kontinuierlicher Verbesserungsprozess*“. Der KVP ist nicht nur eine Methode, sondern Bestandteil einer unternehmensweiten Zielsetzung, bei der alle Mitarbeiter aufgerufen sind, durch Verbesserung von Arbeitsabläufen, Prozessen oder auch Produkten, ihren Beitrag zur Zukunftssicherung ihres Unternehmens zu leisten.

Insbesondere geht es bei KVP darum, all die täglichen kleinen Probleme und Ärgernisse, die Sie in Ihrer Tätigkeit behindern, bzw. das Erreichen der gesteckten Ziele erschweren, anzusprechen, aufzuschreiben und geeignete Maßnahmen / Vorschläge zur Besserung der Situation zu erarbeiten und diese auch in die Praxis umzusetzen.

Der Mitarbeiter soll also vom reinen Mitarbeiter zum „Mitdenker / Vordenker“ und „Mitgestalter“ werden, durch *Motivation* und wecken von *Verantwortungsbewusstsein*, nach der Zielvorgabe wie im Sport: *Schneller – höher –weiter*

Grundregeln für die KVP-Praxis

1.) Es gibt nichts, was man nicht verbessern kann.

2.) Bereit sein, das herkömmliche Denken aufzugeben und alles bisherige in Frage zu stellen.

3.) Jegliche Verschwendung im eigenen Bereich vermeiden.

4.) Keine Ausreden! Stelle alles bisherige in Frage. Ständige Vorschläge (auch im Umfeld) erarbeiten und unaufgefordert unterbreiten.

5.) Besser eine 50%-Lösung sofort, als eine 100%-Lösung nie. Schnell zu realisierende Lösungen suchen, die möglichst wenig kosten und realisieren.

6.) Offen sein für die Vorschläge der Kollegen.

7.) Fehler sofort korrigieren und keine Ausreden zulassen. Keinen Schuldigen suchen, sondern das Problem als Verbesserungsmöglichkeit nutzen.

8.) Die Fähigkeit zu Problemlösungen entwickelt sich erst durch die Probleme selbst.

9.) Frage mehrmals nach und finde so die wahren Problemursachen heraus.

10.) Eine Gruppe motivierter Mitarbeiter löst ein Problem besser als ein Spezialist.

Integration von KVP-Prozessen in die Gruppenarbeit durch den Einsatz von Problemlösungsgruppen

Es geht bei KVP darum, all die täglichen kleinen Probleme und Ärgernisse, die die Mitarbeiter in Ihren Tätigkeiten behindern bzw. das Erreichen der gesteckten Ziele erschweren, anzusprechen, aufzuschreiben und geeignete Maßnahmen zu deren teilweisen Beseitigung zu ergreifen. Aus diesem Grund bilden immer Mitarbeiter aus vor- und nachgeschalteten Abteilungen eine Problemlösungsgruppe, deren Ziel es ist, Vorschläge zur Besserung der Situation zu erarbeiten und diese auch in die Praxis umzusetzen.

Der Mitarbeiter soll also vom reinen Mitarbeiter zum „Mitdenker / Vordenker" und „Mitgestalter" werden. durch ***Motivation*** und wecken von ***Verantwortungsbewusstsein.***

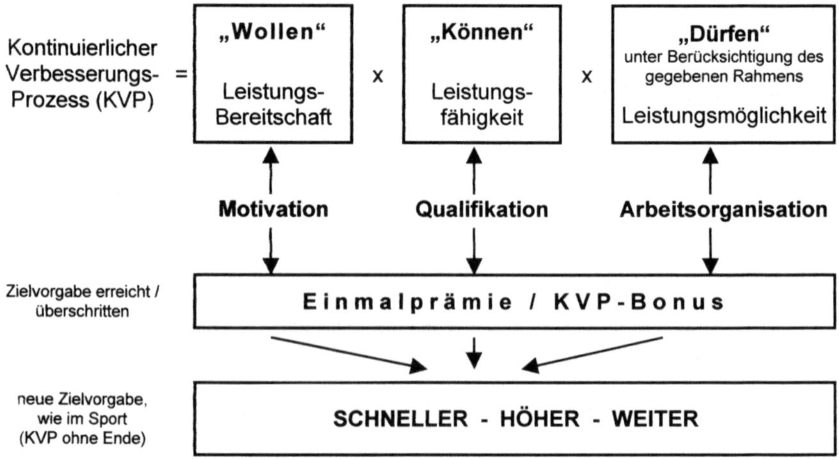

Vereinfachtes Verfahren zur Bewertung und Festlegung des Bonusbetrages für einen KVP-Vorschlag

Bei der Bewertung des Vorschlages soll nicht nur das Ergebnis betrachtet werden, sondern auch der Weg, wie man zu dem Vorschlag gekommen ist. Die Vorschläge werden deshalb anhand folgender Kriterien bewertet:

Beispiel: Bewerten von KVP-Vorschlägen

Kriterien \ Einstufung	hoch	mittel	gering
Nutzen des Vorschlags	10	5	keine Bewertung
Anwendbarkeit	4	2	0
Kreativität	2	1	0
Anstrengung	2	1	0
Summe			

Nutzen des Vorschlags: Der Vorgesetzte schätzt das Kosten-Nutzen-Verhältnis ab, um zu entscheiden, wie der Vorschlag zu bewerten ist. Wird der Nutzen als gering eingeschätzt, erfolgt keine Bewertung des Vorschlags, eine Prämie wird nicht vergeben. Unter Nutzen ist jedoch nicht ausschließlich eine quantifizierbare finanzielle Einsparung zu verstehen, sondern auch qualitative Verbesserungen der Arbeit, wie z.B. Vermeidung von Verwechslungen, Verkürzung der Durchlaufzeit, Senkung der Bestände etc.

Anwendbarkeit: Ist der Vorschlag auf die aktuelle Situation anwendbar, ist eine Realisierung vorstellbar? Pragmatische Betrachtungsweise

Kreativität: Wie neu, eigenständig, „pfiffig" ist der Vorschlag?

Anstrengungen: Wieviel Mühe hat sich der Mitarbeiter bei der Anfertigung des Vorschlags gegeben? Handelt es sich z.B. nur um die Darstellung eines Problems oder sind Ursache und mögliche Abstellmaßnahmen (incl. Zeichnungen) angefügt?

Aufgrund der Bewertung des Vorschlages kann den Mitarbeitern nach folgender Tabelle ein Bonus ausgezahlt werden.

Beispiel:

Punktzahl	Bonus
5 bis 6	€ 50,--
7 bis 8	€ 100,--
9 bis 10	€ 150,--
11 bis 12	€ 200,--
13 bis 14	€ 250,--
15 bis 16	€ 300,--

Checkliste: **WO kann man WAS WIE verbessern?**

Diese Checkliste dient dazu Ansätze ausfindig zu machen, in denen Verbesserungsmöglichkeiten aufgespürt werden können.

Es werden diese drei Fragen in den möglichen, und nachfolgend beispielhaft beschriebenen Bereichen, im Hinblick auf Verbesserungen, abgefragt.

Die Hauptbereiche **WO** kann man nach Verbesserungen suchen sind:

WO		WAS	WIE
1.	Mitarbeiter		
2.	Technik – Maschine		
3.	Vorrichtungen und Werkzeuge		
4.	Methode – Abläufe		
5.	Zeit (Rüstzeit – Stückzeit – sonstige Zeiten)		
6.	Material (Fertigungs- und Hilfs- / Betriebsstoffe)		
7.	Umlauf- und / oder Lagerbestände / Lagerstufen		
8.	Platz / Ort		
9.	Art zu Denken		

Wobei sich die Fragen **WAS** kann man **WIE** verbessern, beziehen auf:

1.	Gibt es im Untersuchungsbereich offensichtliche Verschwendung, wie z.B. Blindleistungen und Doppelarbeit?
2.	Gibt es im Untersuchungsbereich übermäßige Belastungen?
3.	Gibt es im Untersuchungsbereich offensichtliche Abweichungen zwischen der momentanen Leistung und dem Sollwert?
4.	Warum wird es so gemacht und nicht anders?
5.	Warum wird es hier gemacht und nicht wo anders?
6.	Warum wird es überhaupt gemacht?

Wobei diese Fragen nach ergänzt werden können, um die sogenannten 6 - W, Seite 29

9.2 Führen nach Zielvorgaben

Eine konsequente Weiterentwicklung des Lean-Gedankens / der KVP-Prozesse bzw. des Denkens in Tätigkeiten und Geschäftsprozessen ist, dass in den jeweiligen Arbeitsbereichen / Abteilungen bei den einzelnen Mitarbeitern / Führungskräften / Dienstleistern etc. ein beträchtliches Detailwissen vorhanden ist, dass mittels Führen nach Zielvorgaben (Organisation von unten, also durch die Mitarbeiter selbst) genutzt werden kann.

Es sollten, für eine optimale Wirkungsweise / Zielerfüllungsgrad, Kennzahlen / Einflussgrößen gewählt werden, mit denen sich die Mitarbeiter identifizieren können, wie z.B.:

- Kosten für Geschäftsvorgänge / Arbeitsprozesse
- Produktivitätskennziffern / verkaufte Stunden
- Qualitätsmerkmale / Reklamationsquoten
- Terminkennziffern / Umsatzsteigerung
- Bestandssenkung
- Kostenreduzierung
- erwirtschaftete Wertschöpfung
- Zielerreichungsgrad gemäß festgelegter Ziele etc.
- Erfolgsquoten
- Durchlaufzeiten

Nachfolgend sollen beispielhafte Kennzahlen für das Führen nach Zielvorgaben, für einzelne Abteilungen / Bereiche dargestellt werden:

A) Vertriebs- / Versandkennzahlen

Die Vertriebsleitung führt die einzelnen Absatzbereiche nach Kennzahlen, z.B.

- Anzahl Neukunden
- Umsatzziel / Monat (DB / Monat)
- Auftragseingang / Monat
- abgegebene Angebote in € und Anzahl / Mo.
- Erfolgsquote Angebote zu Auftragseingang
- Durchlaufzeit Auftragseingang, Datum zu Datum, erfassen im System
- Durchschnittliche Zeit von Auftragseingang bis Lieferung an Kunde „Lagerware“
- Erfasste Aufträge (Anzahl) und erfasste Positionen (Anzahl) zu Anwesenheitsstunden des Auftragsbearbeitungsteams
- Höhe der Versandkosten insgesamt (Spediteure / Post / DPD / eigener Fuhrpark)

- Versandkosten eines Auftrages
- In Verbindung mit dem jeweils zugehörigen Auftragsabwicklungs-zentrum, Wertschöpfung / Std. oder Tag
- Fehlerpunktetabelle nach Reklamationsstatistik, z.B.
  - gesamt gelieferte Anzahl Positionen zu reklamierte Positionen
  - Reklamationsstatistik
    siehe nachfolgende Musterdarstellung, wobei eine bestimmte Anzahl Positionen reklamiert, gewichtet nach Fehlerart, eine bestimmte Punktzahl ergibt, die monatlich addiert wird.

Beispiel:

Reklamationsstatistik: Gesamtreklamationen / Vertriebsbereich xx

Zeit-raum	Anzahl Positionen	richtig gelieferte Pos.		Gesamt Reklamationen		Anteil Kunde		Anteil Firma	
		Anz.	%	Anz.	%	Anz.	%	Anz.	%
Wo. 27	19852	19694	99,2	158	0,80	63	0,32	96	0,48
Wo. 28	18963	18855	99,43	108	0,57	47	0,25	61	0,32
Wo. 29	16814	16717	99,42	96	0,57	39	0,23	57	0,34
Wo. 30	14776	14695	99,45	81	0,55	35	0,24	46	0,31
Wo. 31	15620	15533	99,44	87	0,56	35	0,22	52	0,33
Wo. 32	17087	16983	99,39	104	0,61	40	0,23	64	0,37

Reklamationsstatistik: Analyse nach Fehlergründen / Vertriebsbereich xx

Fehlergründe	KZ	Kunde		AV 604		Vers. 605		Verk/Techn		Summe	
		lfd. Mo.	kum. / J.	lfd. Mo.	kum. / J.	lfd. Mo.	kum. / J.	lfd. Mo.	kum. / J.	lfd. Mo.	kum. / J.
falsch / fehlerhaft. Artikel	0	35	373	1	70	14	125	1	21	51	589
zuviel / zuwenig geliefert	1			2	49	18	159	5	32	25	240
falscher Preis / Rabatt	2			1	55	0	0	0	37	1	92
falscher Kunde	3			0	34	0	2	0	2	0	38
Sendg. nicht angekommen	4									0	0
falsche Versandart	6				2					0	2
Bestelldaten falsch	8			0	6	0		0		0	6
falscher Termin	9				1			0	1	0	2
Summe		35	373	4	217	32	286	6	93	77	969

Die erreichten Ergebniszahlen werden an sogenannten KVP-Tafeln visualisiert

B) Einkaufs- / Dispositionskennzahlen

Die Logistikleitung führt die einzelnen Verantwortungsbereiche nach z.B.:

- Bestandslistenveränderung in € je Disponent
- Fehlteile je Disponent
- Drehzahl / Warenumschlag je Disponent, z.B. 6 x / Jahr
- Anzahl termintreu gelieferter Aufträge – zu gesamt gelieferte Aufträge je Disponent = Termintreue je Disponent
- Bestandssicherheit, bezogen auf die Verfügbarkeit des körperlichen Bestandes je Disponent
- Bestellen von Bedarfen in gleichen Wellen und Mengen pro Produkt bzw. Produktgruppe
- Wöchentlicher Einkauf in € zu Umsatz von Vertrieb, oder in Prozent
- Wertschöpfung des jeweiligen AZ mit dem dazugehörigen Montagebereich
- Aufträge müssen innerhalb eines Tages in der Fertigung sein
- Standardprodukte / -varianten müssen innerhalb von 5 Tagen beim Versand sein
- Anzahl Teillieferungen zu Gesamtzahl gelieferter Auftragspositionen
- ∅ - Durchlaufzeit der Aufträge von Dispo - Lauf bis Lieferung des Auftrages

<u>Vorgabe von Zielen für Einkauf</u>

- die Anzahl Lieferanten jährlich zu reduzieren
- die Anzahl Einzelbestellungen zu reduzieren
- die Anzahl Abrufe zu erhöhen
- die Anzahl Lieferanten die Vorräte halten, jährlich zu erhöhen
- das Bauhausverfahren jährlich auszuweiten
- Lieferanten bei denen unsere Firma nur C- oder D-Kunde ist, völlig auszuscheiden (optimale QL und Termintreue ist ausschlaggebend)
- eine 100 % - Versorgung bei optimaler Umschlagshäufigkeit zu erreichen
- einen jährlichen Einkaufserfolg von X € erzielen (Einkaufserfolg zu theoretischem Warenkorb)
- Komponenten einkaufen
- Kosten pro Bestellung / pro Lieferant zu reduzieren
- Senken der durchschnittlichen Lieferzeit in Tagen

Kennzahlen Wareneingang

durchschnittliche DLZ der Ware im Wareneingang

durchschnittliche Anzahl kontrollierte WE zu gesamter Anzahl WE

durchschnittliche Zeitaufwand pro Wareneingangskontrolle

durchschnittliche Kosten eines Wareneinganges

durchschnittliche Anzahl Lieferanten mit Freipässen

C) Führen nach Zielen / Zielvorgaben in der Fertigung

Auch in Fertigungszellen / Fertigungslinien, die stark autark ausgerichtet sind, da zu bestimmten Fertigungslinien / Fertigungszellen ein zuständiges Auftragsabwicklungszentrum gebildet wurde, können Zielvorgaben eingerichtet werden und deren Erfüllungen mittels Visualisierung dargestellt werden.

Entsprechende Kennzahlen könnten sein:

- Produktivität der Zelle
- durchschnittliche Rüstzeit
- verkaufte Stunden zu Anwesenheitsstunden
- Nutzungsgrad der Automaten
- durchschnittliche Taktzeit der Automaten
- durchschnittliche Hubzahlen der Automaten
- Anzahl termintreu gelieferte Aufträge zu Gesamtzahl gelieferter Aufträge
- Reklamationsquote in €
- durchschnittliche Durchlaufzeit von Auftragseingang in Auftragsabwicklungszentrum bis Auslieferung an Versand
- durchschnittliche Anzahl Fehlteile der Versorgungszentren
- erreichte PPM - Punkte

D) Kennzahlen / Zielvorgaben für Dienstleister

Auch für reine Dienstleistungskostenstellen ist die Ermittlung / Darstellung von logischen Kennzahlen, als Basis für das Setzen von Zielen, möglich.

Der Grundgedanke hierbei ist, die Dienstleister wie fremde Firmen zu behandeln und abzurechnen, gegebenenfalls über die Kosten pro Vorgang zu verhandeln.

Beispielhafte Aufzählung:

Bezeichnung	Kosten gemäß festgelegter Kostenarten in €	Bezugsgrößen		Kosten pro Bezugsgröße in €
		Menge	Bezeichnung	
Ek, WE, Rohlager	1.200.000,--	12.000	Bestellpositionen	100,--
Qualitätsmanagement	240.000,--	12.000	Bestellpositionen	20,--
Buchhaltung	500.000,--	250.000	Buchungs-positionen	2,--
Auftragsabwicklung	2.000.000,--	200.000	fakturierte Positionen	10,--
Allg. Verwaltung	1.000.000,--	250.000	fakturierte Positionen	4,--
Versand, FW-Lager, incl. Versandkosten	3.000.000,--	200.000	fakturierte Positionen	15,--
Küche und Personal	50.000,--	250	Köpfe	200,--
EDV incl. allgem. Service, Wartung	600.000,--	20.000	Anzahl Abrechnungen / Auswertungen	30,--

Wobei zur Erreichung der gesetzten Ziele die Visualisierung von Ziel und bisher Erreichtem gehört.

Der gegenwärtige Zielerreichungsgrad sollte an exponierter Stelle je Bereich ausgehängt sein. Formblätter und Visualisierungstafeln haben sich hierfür bestens bewährt, siehe nachfolgend.

Einkaufsanalyse / Ziele bezüglich: Verkürzen der Wiederbeschaffungszeit, Senken der Bestände

Materialgruppe	Anzahl Lieferanten die für Fa. ________ Vorräte bzw. Kanban-Abrufe bereithalten				Anzahl Lieferanten die für Fa. ________ in Form von Bauhaus-Regalservice-Verfahren anliefern				Eingeleitete Maßnahmen	
	heute		zukünftig (xx/xx)		heute		zukünftig (xx/xx)			
	Anz. Lieferanten	= Anz. Teile	Anz. Lieferanten	= Anz. Teile	Anz. Lieferanten	= Anz. Teile	Anz. Lieferanten	= Anz. Teile	Highlights	Termin

Bild 9.1: *Vorgehensweise zur Umsetzung der KVP - Ziele*

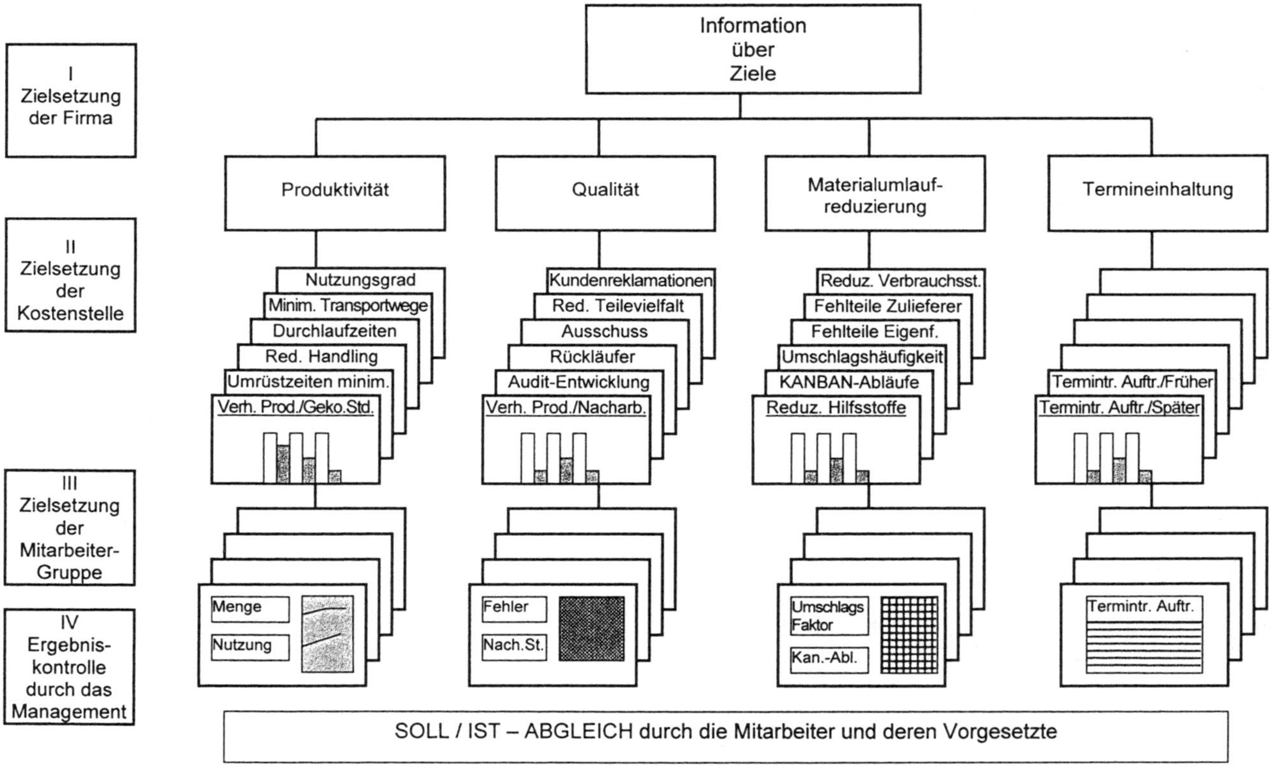

Quelle: REFA-Nachrichten / Industrial Engineering

9.3 Zukunftsorientiert aufgebaute Leistungslohnsysteme mittels Kennzahlen für eine erfolgreiche Gruppen- / Teamarbeit und Absicherung des Systems

Diese neuen Motivationssysteme müssen so aufgebaut werden, dass sowohl alle Mitarbeiter eines gesamten Teams / einer Fertigungsgruppe, als auch die indirekt am Produktionsprozess beteiligten Mitarbeiter zu einem Produktivitätsbeteiligungssystem zusammengeschlossen werden, um z.B. Störungen, Stillstandszeiten zu reduzieren, Durchlaufzeiten zu verkürzen, Termine durch flexible Einsatzzeiten besser zu halten, also die Wirtschaftlichkeit und die Kundenorientierung insgesamt zu verbessern.

Die wichtige Erkenntnis dieses Lean-Gedankens ist, dass in den jeweiligen Arbeitsbereichen (produktive Mitarbeiter, Lager- und Transportarbeiter, betriebliche Führungskräfte, Dienstleister usw.) ein beträchtliches Detailwissen vorhanden ist, das durch Organisation von unten, also durch die Mitarbeiter selbst, zu einem Ganzen zusammengebracht werden muss. Daher sollen für solche Produktivitäts- oder Beteiligungssysteme Einflussgrößen und / oder Kennzahlen gewählt werden, mit denen sich alle Arbeitsbereiche identifizieren können, wie z.B.

- Produktivitätskennziffern
- Qualitätsmerkmale
- Terminkennziffern
- Präsenzzeiten
- Gemeinkostenzeiten
- erwirtschaftete Wertschöpfung
- Zielerreichungsgrad gemäß festgelegter Ziele etc.

Wobei der Autor wesentliches Gewicht auf Kontrolle und laufende Weiterentwicklung des Systems, zur weiteren Verbesserung der Organisation und permanenten Steigerung der Produktivität legt.

Bei allen Leistungs- / Motivationssystemen müssen die Leistungsobergrenzen mittels KVP (Kontinuierlicher Verbesserungsprozess) gepflegt und gemäß dem Produktivitätsfortschritt fortgeschrieben werden.

Wenn dies nicht geschieht, läuft jedes Leistungslohnsystem nach einer gewissen Zeit an seine offizielle oder stillschweigende Obergrenze und bremst sich ab dann selber aus.

Der Autor empfiehlt daher den Interessenten:

Wenn es nicht erreicht wird, dass die Leistungsobergrenzen mittels KVP-System, oder gemäß notwendigem Produktivitätsfortschritt weitergeschrieben werden können, sollte besser das jetzt praktizierte Zeitlohn - / Gehaltssystem weitergeführt werden, eventuell ergänzt um fallweise auszuschüttenden KVP-Bonus nach Erreichen eines bestimmten Zielerreichungsgrades.

Akkord bzw. akkordähnliche Leistungslohnsysteme sollten in jedem Falle abgeschafft werden, da diese Lohnsysteme konträr zu den gesetzten Zielen stehen.

Begründung:

Was nutzt es dem Unternehmen, wenn Störungen / Stillstände / sonstige Probleme, die im täglichen Betriebsablauf immer wieder auftreten, im Durchschnitt bezahlt werden, also nur aufgeschrieben und verwaltet werden, und / oder die Mitarbeiter halten Leistung zurück, da sie ihre (veraltete) offizielle oder nicht offizielle Leistungsobergrenze erreicht haben und die Zeitwirtschaft, die Obergrenzen aus den verschiedensten Gründen nicht gerichtet werden (können ?).

Ziel muss es doch sein, diese Negativprobleme zu minimieren, also die Mitarbeiter daran zu beteiligen, für ihre Mithilfe bei der Lösung / Reduzierung dieser Probleme.

Menschen machen den Erfolg!

Ziel- und ergebnisorientiert eingerichtete Lohnsysteme erbringen dagegen im Regelfalle

- Produktivitätsverbesserungen von über 20 % und mehr

und

- da nur noch das bezahlt wird, was tatsächlich an die Kunden geliefert wird:
  - → bleibt nichts mehr liegen, die Ware fließt
  - → es wird nur noch das produziert, was auch tatsächlich gebraucht wird
  - → verbessert sich die Qualität der Produkte automatisch

- das System passt sich automatisch an die Leistungsverbesserungen aller Art permanent an

- die Durchlaufzeiten reduzieren sich nochmals um ca. 10 % - 20 %.

Insbesondere, wenn die Mitarbeiter eingebunden werden in:

- Findung des Entlohnungssystems
- Aufbau des Systems
- Abrechnung des Systems
- Anpassung / Pflege des Systems
- Verbesserung des Systems

und mittels der nachfolgend aufgezeigten Motivationsziele, ähnlich einem Gewinnspiel, beide Teile *„Mitarbeiter und Unternehmen“* davon profitieren, wenn durch Selbsterkennung und Eigeninitiative, sowie optimale Entscheidungen vor Ort und eine höhere Produktivität und kürzere Durchlaufzeiten erreicht werden.

9.3.1 K V P im Prämienlohn

KVP-Prinzipien (kontinuierliche Verbesserungsprozesse) können u.a. in Prämienlohnsysteme direkt mit eingebaut werden. Es gilt dann folgende Regelung:

Die Systeme werden als offene Systeme mit einer Leistungs- und Geldwertobergrenze (Optimum) geführt, mit folgender Regelung:

Werden Prämienobergrenzen auf Dauer überschritten, so werden die Überschreitungen wie normale Prämienbeträge ermittelt und in einen sogenannten Prämiensammeltopf abgestellt.

Die Geschäftsleitung gibt ihrerseits zusätzlich z.B. 50 % des Betrages hinzu und bietet der Prämiengruppe den Gesamtbetrag zur Ausschüttung an, unter der Bedingung, dass nach Auszahlung die Prämienobergrenze um die entsprechende Überschreitung der jeweiligen Leistungsachse geöffnet wird, bei gleichzeitiger Beibehaltung der Prämie in €, bzw. in Prozent als Obergrenze. (Siehe Schemabild „KVP im Prämienlohn", nachfolgend)

9.3.2 Leitsätze für den Aufbau eines Leistungslohnsystems für z. B. eine Lean-Gruppe (Bonus- / Prämienlohnsystem)

1. Lean-Gedanke / Fertigungszellen müssen eingerichtet sein.

2. Gespräche mit Geschäftsleitung und Betriebsrat über entsprechende Betriebsvereinbarung.

3. Information der betroffenen Mitarbeiter über Sinn, Zweck und Ziele des Beteiligungssystems.

4. Datenerfassung und entsprechende Schwachstellenauswertung
- über Multimomentstudien
- über BDE-Systeme
- über MDE-Systeme
- über Statistik / Selbstaufschreibung

5. Grundsatzbesprechung der Schwachstellen mit Geschäftsleitung und Betriebsrat (Ziele abstecken).

6. Grundsatzbesprechung der Verbesserungsmöglichkeiten des Ist-Zustandes „gedankliche Leistungen" auf Betriebsleiter- und Führungsteamebene

7. Besprechung der Verbesserungsmöglichkeiten durch „gedankliche Mitarbeit" auf Meister- und Mitarbeiterebene.

8. Aus den Ergebnissen der Gespräche, Pkt. 5. / 6. und 7., Festlegen der Prämie / des Bonusbetrages mit den notwendigen Komponenten, Lohnlinie und Geldwert, Unter- / Obergrenzen.

8.1 Leistungsuntergrenzen werden im Team, zusammen mit den Mitarbeitern, anhand der Ergebnisse Pkt. 4, festgelegt.

8.2 Leistungsobergrenzen werden, ebenso wie notwendige Korrekturen, im Team, zusammen mit den Mitarbeitern, unter Einbeziehung der zuvor durchgeführten Studien oder Erhebungen, Pkt. 4, festgelegt.

9. Abstimmen mit GF und Betriebsrat, Abrechnungstechnik festlegen.

10. Systemeinführung und Überwachung durch Verantwortlichen (Wichtig: Tägliche oder wöchentliche Information der Mitarbeiter je Fertigungszelle über Stand bzw. Zwischenergebnisse durch Aushang.)

11. Laufende Kontrolle des Systems durch Mitarbeitergespräche.
z.B. je Woche auf Mitarbeiterebene
z.B. jeden Monat auf Meister- und Mitarbeiterebene
z.B. alle drei Monate auf Betriebsrat- / Betriebsleiter- / Meister- und Mitarbeiterebene

12. Permanente Weiterentwicklung des Systems unter Einbeziehung der Mitarbeiter aus der Fertigungszelle (gemäß Hinweis, KVP im Leistungslohnsystem).

Bild: *KVP im Prämienlohn*

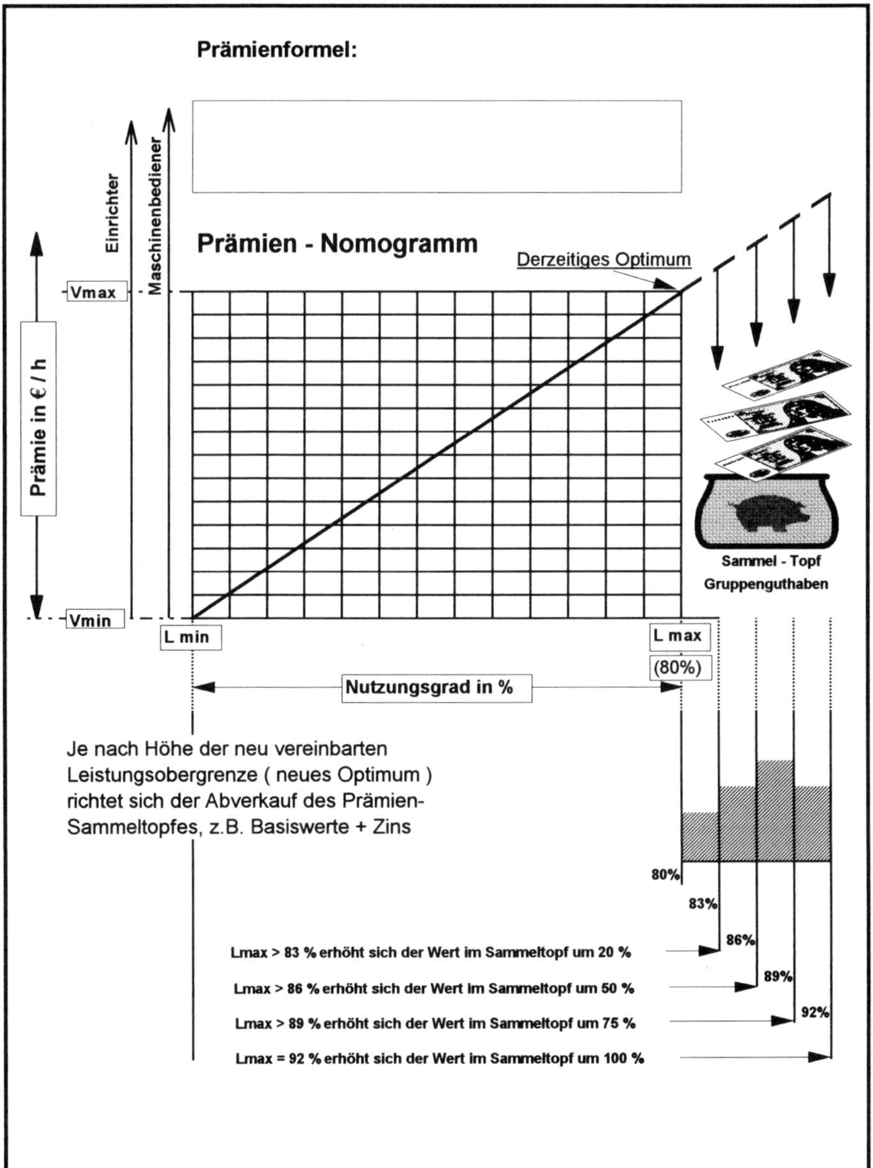

9.3.3 Beispiel eines Prämien- / Bonussystems für eine Fertigungszelle auf der Basis Produktivität und Qualität

Bild 9.3: *Beschreibung der Fertigungszelle (Schemabild)*

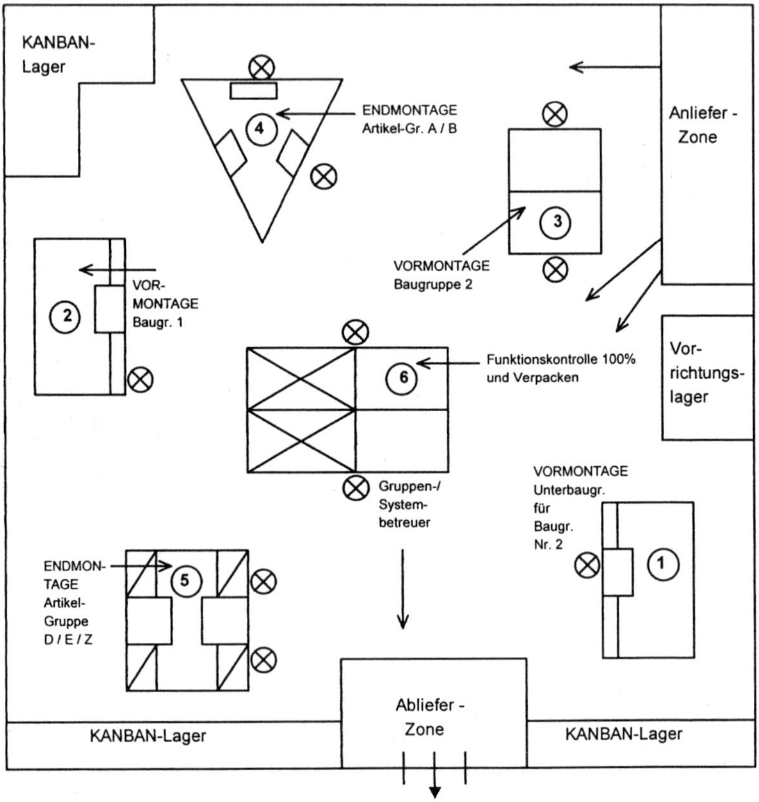

Beschreibung der Fertigungszelle:	Anzahl Arb.-Plätze	Anzahl Mitarbeiter	Bemerkungen
① VORMONTAGE Unterbaugruppe	2	1	
② VORMONTAGE Baugruppe 1	2	1	Durch Austausch von Vorrichtungen auch jeweils andere Baugruppen montierbar
③ VORMONTAGE Baugruppe 2	2	2	
④ ENDMONTAGE Artikel-Gr. A / B	3	3	
⑤ ENDMONTAGE Artikel-Gr. D / E / Z	4	2	dito. Endprodukte
⑥ Funktionskontrolle und Verpacken	4	1	

A) Springer entfällt, alle Mitarbeiter werden auf mindestens drei, maximal fünf Plätze angelernt, selbständige Jobrotation je nach Arbeits- und Belastungsanfall

B) Gruppe wählt einen Sprecher (= gleichzeitig Art Gruppen-/Systembetreuer)

C) Einführung Selbstkontrolle und Quittierbelege

D) Die gesamte produzierte Menge je Monat lt. Lieferschein führt zu einem Produktivitätsergebnis der Gruppe

E) Selbstkontrolle mit QL-Prämie - Kundenreklamationen führen zu Negativbewertungen

F) Die Gruppe kann nach Vorlage des monatlichen Produktivitäts- und QL-Ergebnisses, über Faktoren von -10 bis +10, je Gruppenmitglied das persönliche Geldergebnis um ± 25 % verändern

G) Jede Woche hat die Gruppe eine Stunde bezahlte Zeit um sich selbst, bzw. gegebenenfalls mit Vorgesetzten oder AV-Mitarbeitern o.ä., zu besprechen was geändert / gebessert werden müsste, damit das Produktivitäts- und QL-Ergebnis noch besser werden kann.

H) Alle Basisdaten bezogen auf die Produktivität wurden mittels MMH- und REFA-Studien abgesichert.
Die Mitarbeiter legen die Bezahlungsuntergrenze selbst fest, die Obergrenze wurde gemäß Studien und MA-Gesprächen festgelegt und kann nach oben gegebenenfalls geändert werden.

I) Alle QL-Basisdaten wurden mittels Statistik und Aufschreibungen ermittelt! Unter- und Obergrenze wurden in Verbindung mit Kundenkriterien festgelegt.

K) Bei der Personalbesetzung wurde der Ø-Urlaubs- und Krankenstand berücksichtigt. Die Gruppe selbst bestimmt, ob in Einzelfällen eine weitere Person in die Gruppe kommt. Allerdings sind monatliche Sollmengen bzw. Soll-Wertschöpfungen je Fertigungszelle vorgegeben, da ansonsten die Ausbringung der Firma Schaden leiden könnte.

I Prämienkomponente – Produktivität

Bild 9.4: *Prämienformel und Prämien-Nomogramm für die Gruppe: Stuhl-Endmontage mit Sollbesetzung 10 Personen, auf Basis verkaufte Stück lt. Fakturierung*

Stuhltyp A	Gewichteter Faktor	Stuhltyp B	Gewichteter Faktor
Einsitzer ohne Rückenlehne	1,00	Einsitzer mit Rückenlehne und Armlehne	1,40
Einsitzer mit Rückenlehne	1,20	Einsitzer mit Rückenlehne, Armlehnen und Fußstütze	1,70
~	~	~	~

A) Prämien- / Bonusablesetabelle

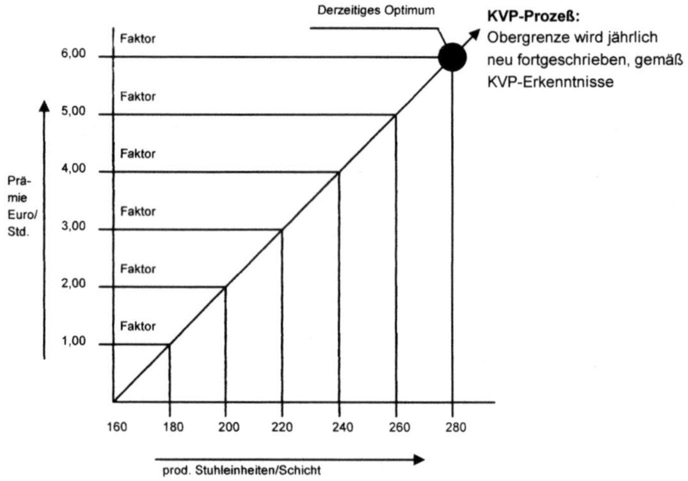

B) Formel für Produktivität der Gruppe

Formel: $\frac{\text{Schichtzeit x Anz. Montagepersonal}}{\text{gefertigte Stück (gewichtet) lt. Faktura}} =$

Beispiel: $\frac{\text{450 min x 10 Personen}}{\text{260 Stuhleinheiten gewichtet}}$ = Faktor 17,3 = € 5,--/Std.

Ergebnis: Je mehr Stühle – je höher die Prämie, der Bonus
oder
je weniger Zeit pro Stuhl – je höher die Prämie, der Bonus

II Prämienkomponente – Qualität

Bild 9.5: *Datensammelblatt / Berechnungsblatt für die Prämienkomponenten Qualität*

QL-Bonus Punkte-Sammelblatt										Prämien-gruppe	
Datensammelblatt Kundenreklamationen/Rücklieferungen in € lt. Reklamationsbearbeitung FB - 14.1.1								QL Punktetabelle pro Reklamation			
Monat: ________ Jahr: ________ Blatt: ________								Reklamationswert pro Vorgang		Negativpunkte	
Ablesetabelle QL-Bonus pro Monat								Von wem ?		v.Fertig.	v.Kunde
								≤	150,- €	0	0
Punkte	≤5	≤10	≤20	≤40	≤60	≤80	≤100	≤	1.000,- €	1	2
Faktor	1,20	1,10	1,00	0,90	0,80	0,70	0,60	≤	2.000,- €	2	4
Punkte	≤120	≥120						≤	4.000,- €	4	8
Faktor	0,50	keine Ausschüttung insgesamt						≤	8.000,- €	6	12
								≤	10.000,- €	10	20
								≤	20.000,- €	15	30

Kunde	BV-Nr.	Menge in Stk.	Reklamat.-Fehler	Reklamat.-Wert	Punkte aus Fertig.	Punkte von Kunde	Bemerkung
Summe der Punkte je Monat =							
QMB	i.O.	Datum / Unterschrift		Ges.	=		für QL-Bonus

Ergebnis: Je besser die Qualität, je kleiner die Kundenreklamationen – je höher die Prämie, der Bonus

Bild 9.6: *Ermittlung der Gesamtprämie, des Gesamtbonus aus Produktivität und Qualitätspunkte*

Ablesetabelle

Produktivität	
Produktivitäts faktor	Prämie in €
28,0	0,00
26,5	0,50
25,0	1,00
23,5	1,50
22,5	2,00
21,5	2,50
20,4	3,00
19,6	3,50
18,8	4,00
18,0	4,50
17,3	5,00
16,7	5,50
16,1	6,00
15,5	6,50
15,0	7,00
~	~

Faktor QL-Bonus		
Summe der Bonus Punkte	Faktor	Gesamtprämie in € / Std.
<= 5	1,20	
<= 10	1,10	5,50
<= 20	1,00	
<= 40	0,90	
<= 60	0,80	
<= 80	0,70	
<= 100	0,60	
<= 120	0,50	
>= 120		ab hier keine Prämienausschüttung Faktor = 0

9.3.4 Beispiel eines ziel- und ertragsorientierten Bonussystems für ein nach Produktgruppen ausgerichtetes Führungsteam innerhalb eines Auftragsabwicklungszentrums auf Basis Wertschöpfung

Beschreibung des Führungsteams A in AZ für Produktgruppe 03 / 04

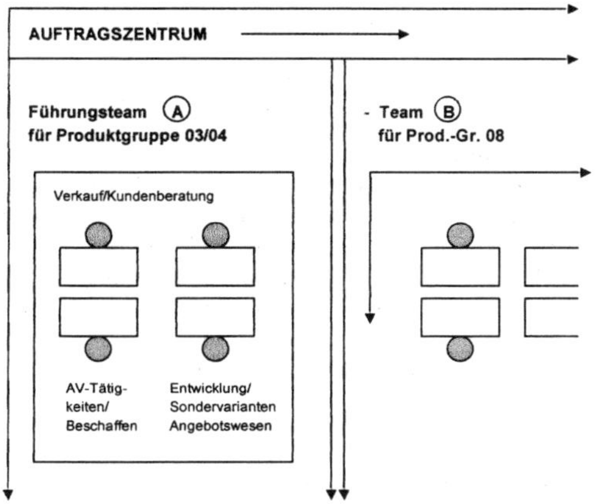

	Tätigkeiten	Anzahl Mitarbeiter	Bemerkung
I	**Verkaufstätigkeiten**		
	1. Verkauf, Kundenberatung, Faktura	2	Durch eine sogenannte Pärchenbildung und Job-Rotation – (im Rahmen des Möglichen) werden alle 4 Teammitglieder so ausgebildet, dass sie weitestgehend alle notwendigen Tätigkeiten beherrschen. <u>Ziel:</u> Ein Kunde hat einen Ansprechpartner (Vertretung), bleibt erhalten
	2. Entwicklung / Konstruktion	} 1	
	3. Angebotskalkulationen von Sondervarianten		
	4. Terminwesen		
	5. Erstellen von Stücklisten		
	6. Erstellen von Arbeitsplänen		
	7. Erstellen von CAD-Zeichnungen		
II	**AV-Tätigkeiten**		
	8. Disposition / Beschaffen	} 1	
	9. Erstellen Arbeitspapiere		
	10. Erstellen Produktionsplan		
	11. Festlegen Prioritäten		
	12. Koordination mit zust. Fertigungszellen für optim. Feinsteuerung		

III Sonstiges

Die Teammitglieder werden zusätzlich in Sparten ausgebildet. Sie regeln den gesamten Urlaubs- / Krankenstand etc. in Eigenverantwortung. Sie setzen sich Ziele wie z.B.
- wöchentlicher Umsatz mit Kunden
- wöchentlicher Umsatz zu Fertigungsteams
- Angebote müssen innerhalb 3 Tage bei Kunde sein
- Aufträge müssen innerhalb 2 Tage in Fertigung sein
- Standardprodukte innerhalb 24 Std. beim Kunden

etc.

Bonussystem für ein Auftragsabwicklungszentrum

A) Beschreibung und Abrechnungstechnik des Bonussystems

Abrechnungstechnik und Bonus-Ablesetabelle für Führungsteam A mit Sollbesetzung von z.B. vier Personen

Wertschöpfung pro Stunde auf Basis verkaufter Mengen pro z.B. Quartal

	A	Umsatz (netto) von Produktgruppe 03 / 04 - Stühle
	B	- Erlösschmälerungen - direkte Kosten der Produkte Gruppe 03 / 04 Material - direkte Kosten der Teilefertigung für Produktgruppe 03 / 04 - direkte Kosten der Montage für Produktgruppe 03 / 04 - direkte Kosten der eigenen Gruppen z.B. Gehälter (festgelegte Kostenarten aus der Fibu dieser Kostenstelle) - Sondereinzelkosten (auftragsbezogene Kosten) - Vorgangskosten diverser Dienstleister für Team A
	C	= Wertschöpfung
	D	Anwesenheitsstunden aller gewerblichen / angestellten (und Auszubildenden?) Mitarbeiter der Führungs- und Fertigungsteams von Produktgruppe 03/04
Gewinn-schwelle	**E**	= **C : D = Wertschöpfung / Stunde**

B) Bonus-Ablesetabelle für Führungsteam A

Wertschöpfung € / Std.	86,-	88,-	90,-	92,-	94,-	96,-	98,-	100,-	102,-	104,-	106,-	108,-	110,-	112,-	114,-	⇨
= Bonuspunkte	0	1	2	3	4	5	6	7	8	9	10	11	12	ab hier in Topf		⇨

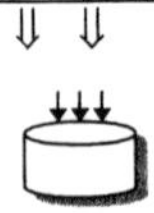

Überlauftopf

Mit KVP-Gedanke zur Pflege des Systems, wobei die Eckpunkte

→ Zielerreichungsgrad Untergrenze = Wertschöpfung € / Std. bei Gewinnschwelle

→ Zielerreichungsgrad Obergrenze = Wertschöpfung € / Std. bei maxim. Ziel

jährlich neu, zusammen mit der Geschäftsleitung, definiert werden müssen. Die Eckpunkte müssen der Kostensituation bzw. gemäß gesetzten Zielen permanent fortgeschrieben werden.

Wichtig ist dabei der in einer Teamorganisation vorgegebene Grundsatz:

- Die Fertigungsteams / Arbeitsgruppen im betrieblichen Bereich arbeiten so völlig selbständig mit der darüberliegenden, zuständigen Teamorganisation innerhalb der Auftragsabwicklung zusammen

Das Entlohnungssystem soll also in einem Röhren- oder Kanalsystem das Kunden-Lieferantenprinzip durchgängig unterstützten.

Daher muss auf die Schnittstellen der Fertigungs- und Führungsteams detailliert eingegangen werden und es müssen gleiche / gleichartige / gleich wirkende Bezahlungsparameter gefunden werden.

Schemadarstellung: *Regelkreis der Gruppen / Führungsteams A Artikelgruppe 03 / 04 mit Schnittstelle zu Fertigungsteam 10, 11, 20, 21 für Artikelgruppe 03 / 04 von Auftragseingang bis Lieferung*

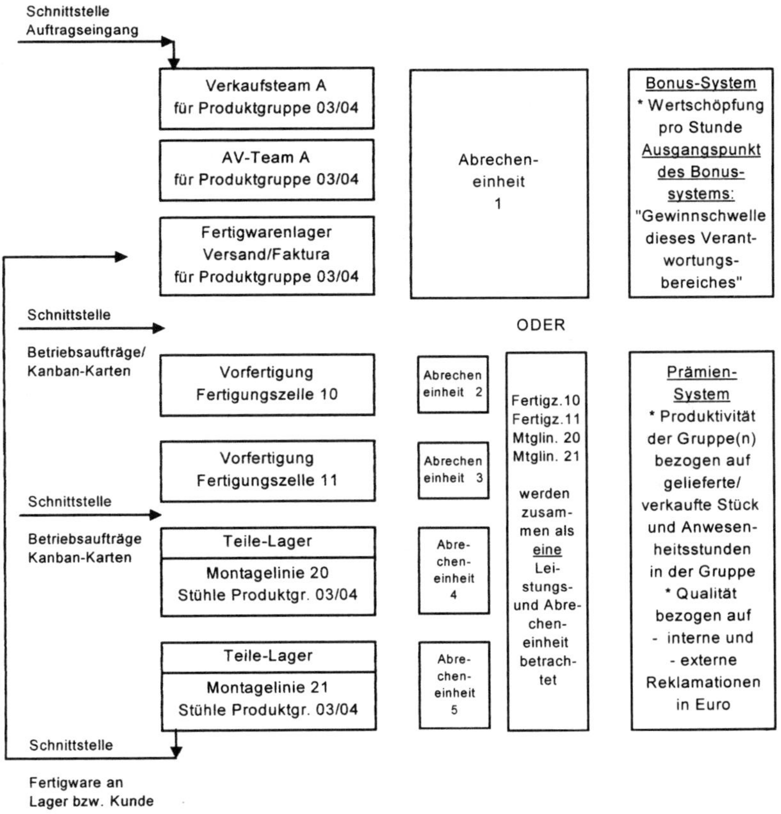

9.3.5 Zielerreichungskennzahlen

Tabellarisches Aufzählen weiterer Zielerreichungskennzahlen / Bonusparameter, die als einzelne Komponente oder in Verbindung mit anderen Zielgrößen, gemäß Gesamtunternehmensziel prämiert werden können:

Geistige Mitarbeit / Teamarbeit muss bei immer umfangreicheren Arbeitsinhalten honoriert werden.

A) Minimieren von Kundenreklamationen in €

Summe aller Kundenreklamationen je Monat in € (ohne Kulanz) lt. Fibu = Kontenklasse xxxx und / oder lt. innerbetrieblicher Reklamationsbewertung (= Schadensbeleg)

Kundenreklamationen in € / Mo.	≥ 16.000,-	≤ 15.000,-	≤ 14.000,-	≤ 13.000,-	≤ 12.000,-	≤ 11.000,-	≤ 10.000,-	≤ 9000,-	≤ 8000,-	≤ 7000,-	≤ 6000,-	≤ 5000,-	≤ 4000,-
= Prämien-Punkte	0	1	2	3	4	5	6	7	8	9	10	11	12
oder anstatt Prämienpunkte Korrekturfaktor in Verbindung mit anderen Komponenten	0,60	0,65	0,70	0,75	0,80	0,85	0,90	0,95	1,00	1,05	1,10	1,15	1,20

B) Minimieren des Anteils Gemeinkostenzeiten (nicht verrechenbare Zeiten) in %

$$\frac{\text{Summe aller nicht Prod.-Std. / Mo. (nicht weiterverrechenbare Auftragszeiten aller Mitarbeiter der Fertigungszelle / Kostenstelle)}}{\text{Summe aller Anwesenheitsstd. aller Mitarbeiter / Mo. der Fertigungszelle / Kostenstelle}} \times 100$$

NUR IN VERBINDUNG MIT ANDEREN KOMPONENTEN													
Anteil Geko-Zeiten in %	≥ 23%	≤ 23%	≤ 21%	≤ 19%	≤ 17%	≤ 15%	≤ 13%	≤ 11%	≤ 9 %	≤ 7 %	≤ 5 %	≤ 3 %	≤ 1 %
= Korrekturfaktor	0,60	0,65	0,70	0,75	0,80	0,85	0,90	0,95	1,00	1,05	1,10	1,15	1,20

C) Minimieren von Fehlzeiten in AT / Monat

$$\frac{\text{Summe aller Fehlzeiten in Std. / Mo. (ohne Urlaubstage)}}{\text{Ø-Sollzeit je Arbeitstag}}$$

NUR IN VERBINDUNG MIT WERTSCHÖPFUNGSKOMPONENTE (O.Ä.)												
Fehlzeiten in AT / Mo.	> 5,0	≤ 5,0	≤ 4,5	≤ 4,0	≤ 3,5	≤ 3,0	≤ 2,5	≤ 2,0	≤ 1,5	≤ 1,0	≤ 0,5	≤ 0
= Korrektur-faktor	0	0,1	0,2	0,3	0,4	0,5	0,6	0,7	0,8	0,9	1,0	1,1

D) Zielerreichungsgrad „Verkaufte HK [1] je Gruppe“

Als weitere Alternative wäre es denkbar, die verkauften Fertigungsstunden (aus abgelieferte Gutstück) mit den jährlich einmal zu ermittelnden und festzusetzenden Stundensätzen (im Team zu besprechen) zu multiplizieren, plus Materialeinsatz lt. Entnahme, um so zu verkauften Herstellkosten je Team bzw. Gruppe zu kommen.

(Vorteil: Materialverbrauch mit dabei. Nachteil: Wie setzt sich HK zusammen)

Die Abrechenformel könnte dann lauten:

$$\frac{\text{Verkaufte HK x 100}}{\text{Kosten der Kostenstelle}} = \_\_\_\_\_\_\_\_\_\_ \%$$

verkaufte Herstellkosten in % zu Kosten der Kostenstelle	80 %	85 %	90 %	95 %	100%	105%	110%	115%	120%	usw.
= Bonuspunkte	- 10	- 5	± 0	+ 5	+ 10	+ 15	+ 20	+ 25	+ 30	

⇓ ⇓ ⇓

ab hier Überlauftopf

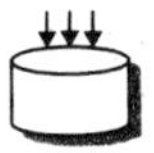

[1] Herstellkosten

E) Zielerreichungsgrad „Erwirtschaftete Fertigungskosten je Stunde“

Anstelle der Komponente „Produktivität“ / Zielerreichungsgrad „Verkaufte HK zu Kosten der Gruppe“, kann auch die Kennzahl „Verkaufter / erwirtschafteter Stundensatz“ für bestimmte Produktionsbereiche / -gruppen eingesetzt werden.

Formel:

$$\frac{\text{Verkaufte FK lt. Rückmeldungen von Fertigmeldungen}^{2)}}{\text{Summe Anwesenheitsstunden aller Mitarbeiter in der jeweiligen Fertigungsgruppe}^{3)}} = \text{FK / Std.}$$

[2] Gefertigte Gutstück an Kunden, bewertet mit den Fertigungskosten lt. Standardkalkulation

[3] Summe Anwesenheitsstunden lt. „Stempelkarte“ in dieser Fertigungsgruppe (ähnlich Stammkostenstellenzuordnung - temporäres Ausleihen) zu sehen

Wobei auch hier der Zielerreichungsgrad FK / Stunde Soll, jährlich wie oben beschrieben, neu definiert werden muss.

Das Ergebnis mündet in einer Bonuspunktetabelle, z.B.:

Zielerreichungsgrad Fertigungskosten / Std.	≤ 60,--	≤ 65,--	≤ 70,--	≤ 75,--	Ziel ≤ 78,--	≤ 80,--	≤ 82,--	≤ 85,--	≤ 90,--
= Bonuspunkte	- 10	- 5	± 0	5	10	15	20	25	30

⇓ ⇓ ⇓

ab hier Überlauftopf

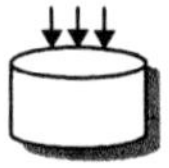

F) Zielerreichungsgrad „Erhöhung der Termintreue in %“

$$\frac{\Sigma \text{ aller termintreu gelieferten Teile / Aufträge}}{\Sigma \text{ aller eingesteuerten Aufträge lt. Produktionsplan}}$$

Termintreue in % je Monat / Quartal o.ä.	≤ 65 %	≤ 70 %	≤ 74 %	≤ 78 %	≤ 81 %	≤ 84 %	≤ 87 %	≤ 90 %	≤ 92 %	≤ 94 %	≤ 96 %	≤ 98 %	≤ 100%
= Prämienpunkte	0	1	2	3	4	5	6	7	8	9	10	11	12

G) Zielerreichungsgrad „Bestandssenkung / Erhöhung der Lagerumschlagskennzahlen“

(wenn Fertigungszelle Einfluss auf Fertigungsmengen hat, z.B. bei KANBAN-Organisation, oder bei Eigenbetrieborganisation, Segmentbildung)

$$\frac{\text{Warenverbrauch pro Monat / Quartal o.ä. in € lt. EDV}}{\text{Summe Warenwert je Stichtag Lagerbestand €, plus Summe Warenwert in Fertigung Stichtag lt. EDV}}$$

Kennziffer Umschlagsäufigkeit	6,0	6,5	7,0	7,5	8,0	8,5	9,0	9,5	10,0	10,5	11,0	11,5	12,0
= Prämienpunkte	0	1	2	3	4	5	6	7	8	9	10	11	12

H) **Sonstiges, wie z.B.**

- Reduzieren der Versandkosten pro Auftrag
- Reduzieren von Teillieferungen

9.3.6 Bonussysteme für reine Dienstleistungskostenstellen / -teams auf Basis Kosten- und Ertragskontrolle und gesetzter Ziele

Da in schlanken Unternehmen effiziente Prozesse und Strukturen im Fertigungsbereich mehr und mehr realisiert werden, muss bezüglich

- ➢ Durchlaufzeit / Termine
- ➢ Mitarbeitermotivation
- ➢ Verbesserungsprozesse
- ➢ Kostentransparenz / -senkung
- ➢ Kundenzufriedenheit
- ➢ Firmenerfolg / Erfolg im Wettbewerb

auch für die im weitesten Sinne als Angestelltenbereiche zu bezeichnenden Dienstleistungsteams über entsprechende Motivations- / Bonussysteme nachgedacht werden.

Insbesondere deshalb, da der Einfluss dieser Dienstleistungsteams bezüglich

Kosten senken – schneller liefern

immer mehr steigt, ja diese Bereiche teilweise sogar größeren Einfluss auf die Ergebnisse haben, als die Fertigung selbst.

Bild 9.7: *Das Gruppenarbeitssystem und seine Randbereiche*

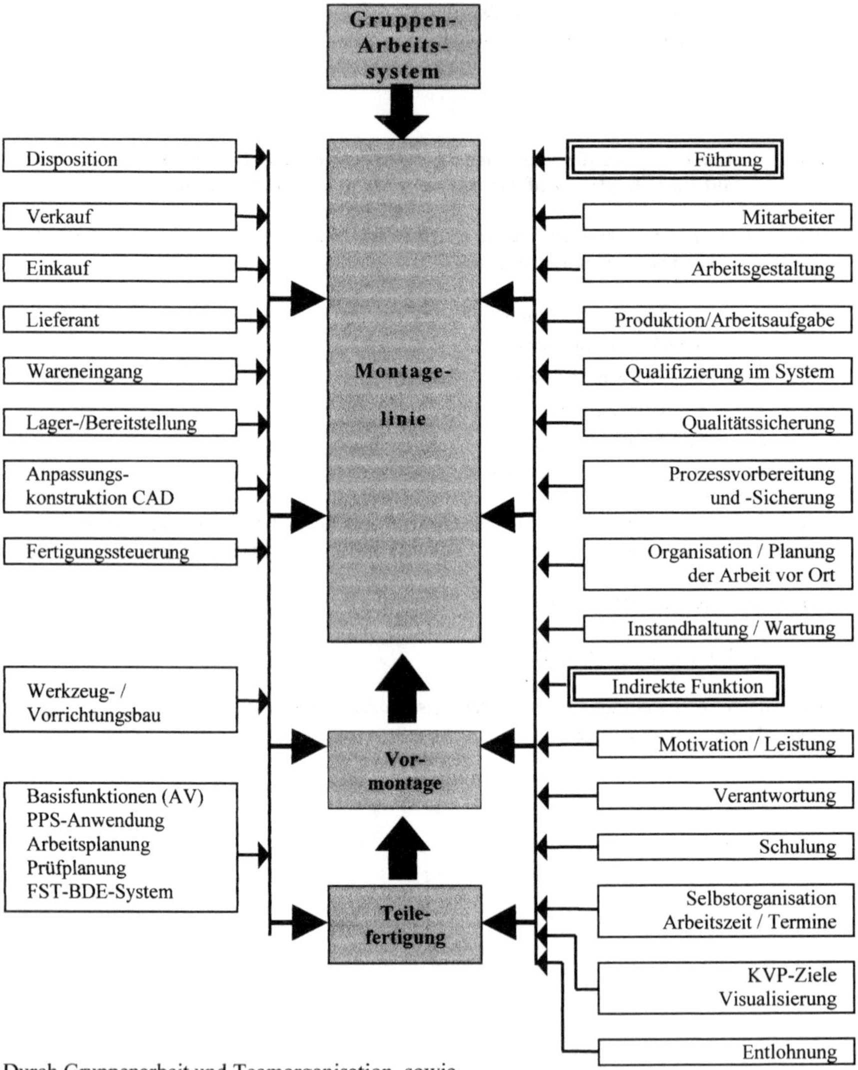

Durch Gruppenarbeit und Teamorganisation, sowie

→ HOL-PRINZIPIEN
und
→ KÜMMERN

muss die Zusammenarbeit zwischen den Gruppen / den Dienstleistern und den Kunden / Lieferanten lt. Bild oben, permanent mittels KVP-Techniken, gemäß den gesetzten Zielen, verbessert werden.

Solche, für Dienstleistungsbereiche geeignete Bonussysteme sollten einerseits wie Profitcenter abgerechnet und verstanden werden, andererseits darf die Hauptaufgabe, **die Dienstleistungsfunktion für die Fertigung** und hin zum Kunde, nicht aus dem Auge verloren werden.

Nachfolgend werden daher Möglichkeiten dargestellt, die beide Ziele

I sowohl Profitcenterbetrachtung

II als auch Dienstleisterfunktion zu Fertigung und zum Kunde

vereinen sollen.

Aufbau und Funktion solcher ziel- und ertragsorientierter Bonussysteme, die auf Sollbudgets aufbauen, soll beispielhaft

A) anhand eines Dienstleistungscenters *Auftragsabwicklungszentrum* und

B) anhand eines Dienstleistungscenters *Werkzeugbau*

dargestellt werden

A) Beispiel: Budget-Bonussystem für ein Dienstleistungsprofitcenter – AUFTRAGSABWICKLUNGSZENTRUM

Was sind die wichtigsten Einflussgrößen in diesem Profitcenter gemäß gesetzter Ziele **„Gestern bestellt – heute geliefert“:**

→ Zeitnahes Erfassen und liefern der Aufträge, „Ziel 0,5 AT“ von Auftragseingang bis Auslieferung

→ Minimieren der Hauptkostentreiber, hier insbesondere Personalkosten, also Bearbeitungs- und Erfassungskosten (Nutzen der flexiblen Arbeitszeit)

→ Fehlerloses Arbeiten beim Bearbeiten und Erfassen / Liefern der Aufträge

→ Erreichen eines maximalen Umsatzes / Deckungsbeitrag pro Monat, also optimale Versorgung / Betreuung und Unterstützung der Fertigung

Daraus ergibt sich folgender Bonusvorschlag:

I) Arbeitsleistung pro Zeitraum, dargestellt als Umsatz des Profitcenters „Erfasste Aufträge / erfasste Positionen zu Kosten Profitcenter, unter Berücksichtigung verschiedener Schwierigkeiten, wie z.B. Inlandsaufträge (ohne Zollabwicklung), Aufträge für Drittländer (mit Zollabwicklung etc.)

II) Fehlerpunktetabelle als Bonus / Malus-System
(falsches Erfassen / Liefern von Auftragspositionen)

III) Ist-DLZ[1] zu Soll-DLZ[1]
und eventuell

IV) Gewichtungsfaktor für monatlichen Umsatz / Deckungsbeitrag oder Höhe der erzielten Wertschöpfung, siehe Abschnitt 9.3.4

[1] Durchlaufzeit

I Verhältniszahl: Umsatz des Profitcenters zu Kosten des Profitcenters

A

1. Schritt: Festlegen von Prozesskosten / Kalkulationswerten pro Vorgang (ergibt Sollbudget)

Vorgangsart 1	1 Auftrag Inland	= 0,05 € Dienstleistungserlös
Vorgangsart 2	1 Auftrag Export	= 0,10 € Dienstleistungserlös
Vorgangsart 3	1 je Auftragsposition	= 0,20 € Dienstleistungserlös
Vorgangsart 4	1 Neukunden Stammdaten anlegen	= 1,00 € Dienstleistungserlös
Vorgangsart 5	1 Kunden Stammdatenänderungen	= 0,50 € Dienstleistungserlös

B

2. Erfassen verrechenbarer Vorgänge / Tätigkeit pro Monat ____________

Vorgangsart	Anzahl Geschäftsvorgänge	Für Kostenstelle	€ pro Vorgang	Verrechenbare €
1	2	3	4	2 x 4 = 5
SUMME verrechenbare € / Monat				**71.600,--**

C

3. Erfassen Kosten der Kostenstelle / Monat oder Festgelegter Fixbetrag = Budgetbetrag [€]

Ko.-Art Nummer	Bezeichnung	Bezugsgröße	Kosten in € fix	variabel	Gesamt €
1	2	3	4	5	4 + 5 = 6
SUMME Kosten der Kostenstelle / Monat (Fixbetrag)					**70.000,--**

D

4. Ermittlung Plus- / Minusabweichung des Budgets für Monat ___xxx___

B - C = Kostenabweichung D in €	**+ 1.600,--**

E

Aufteilung des Überschusses	50 % an Firma 50 % an Gruppe AA
Die Auszahlung wird nochmals aufgeteilt in:	50 % = + € 800,--

25 % = + € 400,--
direkte Auszahlung

25 % = + € 400,--
in Sammeltopf zur Verrechnung von Negativergebnissen
Auflösung 1 mal pro Jahr

II Fehlerpunkttabelle (= QL – Bonus)

Datensammelblatt Kundenreklamationen / Fehleranteile in Positionen lt. Reklamations-Bewertungsblatt								QL – Punkte – Tabelle / Reklamationen / Fehleranteile 1)		AZ - Team
Monat: __________ Jahr: _______ Blatt. _______								Anzahl Fehler je Gruppe und Woche		Negativpunkte
Ablesetabelle QL – Bonus Je Mitarbeiter € / Monat								≤	1	0
Punkte	≤ 2	≤ 4	≤ 6	≤ 8	≤10	≤ 15	≤ 20	≤	2	1
€	+ 150	+ 100	+ 50	± 0	- 50	- 100	- 150	≤	4	3
Punkte	≤ 25	≤ 30	≤ 35	≤ 40	≤ 45	≤ 50	> 50	≤	6	6
€	- 200	- 250	- 300	- 350	- 400	keine Ausschüttung insgesamt		≤	10	10
								≤	20	20
								≥	20	30

Woche	Fehlerart	Anzahl	€	Punkte	Bemerkung
		∑ der Punkte je Monat		=========	
QMB i.O.	Datum Unterschrift		∑	=========	für QL-Bonus

1) Details für Aufbau und Führen einer EDV-gestützten Reklamationsstatistik, siehe Abschnitt 9.2 „Führen nach Zielvorgaben“

III Durchlaufzeit Punktetabelle

A DLZ Punktetabelle

Ist-Durchlaufzeit lt. EDV-Auswertung	≤ 0,5 AT	≤ 1,0 AT			≤ 2,0 AT			≤ 3,0 AT			≤ 5,0 AT			≥ 5,0 AT		
Fehleranteil in Anzahl Lieferungen	o.K.	≤ 10%	≤ 25%	≥ 25%	≤ 10%	≤ 25%	≥ 25%	≤ 10%	≤ 25%	≥ 25%	≤ 10%	≤ 25%	≥ 25%	≤ 10%	≤ 25%	≥ 25%
Negativpunkte	0	1	2	3	6	8	10	15	18	20	25	38	30	keine Ausschüttung insgesamt		

B Ablesetabelle

Punkte	≤ 2	≤ 4	≤ 6	≤ 8	≤ 10	≤ 15	≤ 20
€	+ 150,--	+ 100,--	+ 50,--	± 0	- 50,--	- 100,--	- 150,--
Punkte	≤ 25	≤ 30,–	≤ 35	≤ 40	≤ 45	≤ 50	≥ 50
€	- 200,--	- 250,--	- 300,--	- 350,--	- 400,--	keine Ausschüttung insgesamt	

C Datensammelblatt / Auswertung pro Woche

Gesamt gelieferte Aufträge /Woche		Durchlaufzeit in Tagen lt. EDV-Auswertung											
		≤ 0,5 AT		≤ 1,0 AT		≤ 2,0 AT		≤ 3,0 AT		≤ 5,0 AT		≥ 5,0 AT	
Woche	Anzahl ges.	Anzahl	%	Anzahl	%	Anzahl	%	Anzahl	%	Anzahl	%	Anzahl	%
Wo 27													
Wo 28													
Wo 29													
Wo 30													
Wo 31													
Wo 32													

IV Beispieldarstellung des Gesamt-Bonus-Systems für das AZ

A) Arbeitsleistung ermittelt als Kostenüber- / -unterschreitung

Ermittlung Plus- / Minusabweichung des Budgets für Monat ___________	
B - C = Kostenabweichung D in €	+ 1.600,--

Aufteilung der Überschreitung	50 % Firma 50 % Gruppe AA
Auszahlung	50 % = + € 800,--

25 % = + € 400,--
direkte Auszahlung

25 % = + € 400,--
in Sammeltopf zur Verrechnung von Negativergebnissen und Auflösung 1 mal pro Jahr zum Abkaufen der Obergrenzen

Sparbuch

B) QL – Fehlerpunktetabelle lt. Kundenreklamationen

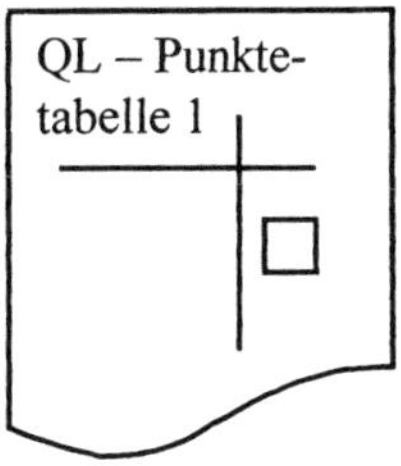

Korrekturfaktor QL oder ± QL – Bonusbetrag in €		
QL – Punkte Σ / Mon.	entspricht Faktor	entspricht ± €
≤ 2	1,20	+ 150,--
≤ 4	1,15	+ 100,--
≤ 6	1,10	+ 50,--
≤ 8	1,00	± 0
≤ 10	0,95	- 50,--
≤ 15	0,90	- 100,--
≤ 20	0,85	- 150,--
⇓	⇓	⇓
≥ 50	ab hier entfällt die Prämie komplett	

C) Abweichung DLZ lt. EDV-Statistik

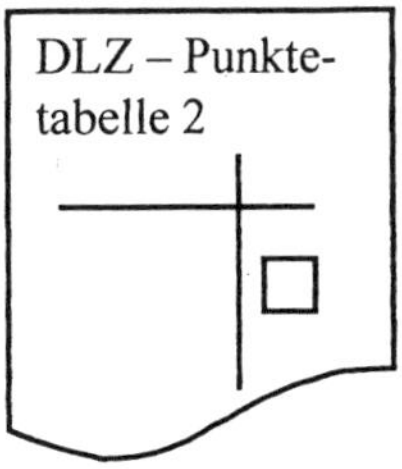

Korrekturfaktor QL oder ± QL – Bonusbetrag in €		
QL – Punkte Σ / Mon.	entspricht Faktor	entspricht ± €
≤ 2	1,20	+ 150,--
≤ 4	1,15	+ 100,--
≤ 6	1,10	+ 50,--
≤ 8	1,00	± 0
≤ 10	0,95	- 50,--
≤ 15	0,90	- 100,--
≤ 20	0,85	- 150,--
⇓	⇓	⇓
≥ 50	ab hier entfällt die Prämie komplett	

D) Eventuell erweitert um einen Gewichtungsfaktor nach Umsatz- / Deckungsbeitragshöhe / Monat, oder Höhe der erzielten Wertschöpfung, siehe Abschnitt 9.3.4

B) Beispiel eines Bonussystems für Profitcenter WERKZEUGBAU mit Ziel „optimale Unterstützung der Fertigung
(wobei die Abrechnung quartalsweise erfolgen sollte)

I Budgetbildung für Bonussystem (Budget insgesamt = Soll-Umsatzzahl)

A	Mitarbeiter Service Abtlg. ...	Produktive Tage / Monat Soll 1	2	3	4	5	6	7 … 15	16	17	18	19	Budget Geko 1 Tag / Monat
	Name							⇒					
	Name												
	Name												
	Name							⇒					
	Name												
	Name												
	Name							⇒					
	Name												
	Name												
	Name ⇓			⇓			⇓	⇒ ⇓			⇓		
	Summe 10 Personen	SUMME 190 Tage											Summe 10 Tage

B	Rechenvorgang für Sollbudget verkaufsfähige Stunden	190 verkaufsfähige Tage x 8 Stunden = 1520 Stunden / Monat 1520 Std./Mo. x € 80,-- = € 121.600,-- Sollbudget

Budgetüberschreitung
Werden die Gemeinkostenstunden im IST z.B. um 8 Std. überschritten, dann werden 8 Stunden x Stundensatz z.B. € 80,-- = € 640,-- als Negativbetrag in Sammeltopf eingestellt

II Berechnung getätigter Umsatz und Gegenüberstellung zu Soll-Budget lt. oben

C	Getätigter Umsatz Neuwerkzeuge Verkauf in diesem Monat/Quartal (lt. Angebote)		= €	85.600,--
D	Getätigter Umsatz Reparatur / Service lt. Serviceverträge		= €	38.644,--
E	Getätigter Umsatz lt. Zeitnachweis		= €	0,--
F	Summe Umsatz in diesem Monat	C + D + E	= €	124.244,--
G	Plus / Minus Überschreitung des Budget in €		+ €	2.644,--

III Eine mögliche Beteiligung der Mitarbeiter an diesem System, könnte z.B. so verwirklicht werden:

Aufteilung der positiven Überschreitung: 50 % Firma / 50 % Gruppe ...
Auszahlung: 50 % = + € 1.322,--

25% = + € 661,--
direkte Auszahlung

25% + € 661,--
in Sammeltopf zur Verrechnung
v. Negativergebnissen
Auflösung 1 mal pro Jahr
= ERGEBNIS DER ABTEILUNG

– € 640,--

Wobei die Berechnung der erwirtschafteten Servicebeträge pro Zeitraum, wie folgt durchgeführt werden kann:

Zur Berechnung von Servicebeträgen, gemäß durchgeführter Serviceleistungen und Qaulität der Serviceleistung, können direkte Produktionszahlen der Fertigung, wie z.B. € pro Maschinenlaufstunde oder produzierte Teileart o.ä., gewählt werden.

Beispielhafte Aufzählung von Servicebeträgen (Basis für Servicevertrag):

Stanzerei pro produktiver Stunde 0,10 € x produktive Stunden / Monat	=	€	6.200,--
Montage A pro produktiver Stunde 0,06 € x produktive Stunden / Monat	=	€	1.750,--
Schweißerei B pro produktiver Stunde 0,04 € x produktive Stunden / Monat	=	€	1.080,--
↓ ↓ ↓	↓	↓	
Ergibt Serviceerlös für diesen Monat		€	38.644,--

oder

Stanzerei je produziertes Teil [1)]

einfaches Stanzteil	0,01 € / Stk. x Anz. produzierte Gutstück / Mo. [2)]
schwieriges Stanzteil	0,02 € / Stk. x Anz. produzierte Gutstück / Mo. [2)]
sehr kompliziertes Stanzteil	0,05 € / Stk. x Anz. produzierte Gutstück / Mo. [2)]

Schweißerei

Automatenteil x € / produzierter Baugruppe
x Anz. hergestellter Schweißbaugruppen / Mo. [2)]

Einlegeteil y € / produzierter Baugruppe
x Anz. hergestellter Schweißbaugruppen / Mo. [2)]

Montage

Handmontage	x € / geliefertes Endprodukt x Anzahl / Monat [2)]
Halbautomat	y € / geliefertes Endprodukt x Anzahl / Monat [2)]
Vollautomat	z € / geliefertes Endprodukt x Anzahl / Monat [2)]

Ergibt Serviceerlös für diesen Monat **€** 38.644,--

1) Solche Kennzahlen verbessern auch die Kalkulation, bezüglich Umbau von Gemeinkosten zu Einzelkosten (Prozesskostenrechnung)

2) lt. Zugangsbuchung Fertigteilelager oder lt. fakturierter Menge

Ergänzend können **fallweise** noch KVP-Punkte für die Erreichung von Einzelzielen ausgeschüttet werden.

Beispielhafte Aufzählung siehe nachfolgend:

KVP-Ziele / Bonus für z.B. Bau eines Neuwerkzeugs unter erschwerten Kundenbedingungen

	KVP-Ziel (Einzelvorgabe von Geschäftsleitung)	KVP – Betrag für KVP – Ziel Aufteilung auf Werkzeugbaumitarbeiter durch Gruppe		
1	Termineinhaltung eines Einzelauftrages	super	o.K.	gerade noch
2	Top – Lösung Werkzeug – QL	super	kreativ	
3	Top – Lösung Teile – QL	super	kreativ	
4	Kosten – Ziel erreicht bzw. unterschritten	unterschritten	erreicht	
5				

10. Sonstige Einzelmaßnahmen zur Verkürzung der Durchlaufzeit

A) Im Vertrieb / Versand

- Festlegen: Was ist Lagerware, welche Artikel müssen auftragsbezogen produziert werden, welche Artikel sind in Form von Baugruppen- und KANBAN-Disposition flexibler zu handhaben
- Feste Liefertermine für Lagerware, z.B. innerhalb eines Tages, festlegen. Aufträge bis 14.oo Uhr werden noch am gleichen Tag ausgeliefert.
- Feste Liefertermine für Standardvarianten aus Vorratsteilen, Baugruppen sind vorhanden → z.B. 5 Tage, nur Einzelteile sind vorhanden, z.B. → 8 Tage
- Feste Liefertermine für Standardvarianten incl. Teilefertigung, da Sondervariante nur für einen Kunden → z.B. 15 Tage
- Telefonaufträge werden beim telefonieren mit Kunden sofort im System erfasst und bei Gespräch mit Kunde quittiert.
- Zusammen mit Hauptkunden feste Losgrößen / Abnahmemengen für bestimmte Artikel festlegen, damit Disposition und Reichweitenbetrachtungen besser funktioniert, die Fertigung sich darauf einstellen kann.
- Kundenaufträge incl. Restmengen aus der Fertigung ausliefern
- Festlegen von Regelungen, wie werden Riesenaufträge behandelt, die über alle Stufen Vorräte aufzehren, andere Kleinaufträge also nicht mehr kurzfristig geliefert werden können.
- Festlegung, wie werden Auftragsänderungen in Menge, Termin etc. bezüglich AV / Fertigung / Lagerhaltung gehandhabt
- Ermittlung einer Kennzahl DLZ von Bestelleingangsdatum bis Lieferung / Erfassen im EDV-System

B) In Auftragsabwicklung, AV – CAD, Disposition, Fertigungssteuerung

- Vereinfachen der Arbeitspläne, nur noch unbedingt notwendige Meilensteine / Arbeitsgänge hinterlegen
- Liegezeit- / Übergangsmatrix im PPS-System auf Null setzen, alle Aufträge wie Eilaufträge behandeln
- Der Disponent wird Beschaffer
- Jeder Disponent erhält schlüssige Produktgruppen über alle Stufen zugeordnet, Disponieren in Wellen / nach Reichweiten wird eingeführt
- Einrichten von Verkettungsnummern zur Rüstzeitreduzierung
- Schaffen von Auftragsabwicklungszentren nach Produktgruppen gegliedert, Einrichten einer sogenannten Zimmerorganisation. Ein Mitarbeiter arbeitet einen Auftrag komplett, bis Erstellen Arbeitspapiere, ab.

- Steigerung der Anzahl Lieferanten die mittels Bauhaus-, KANBAN-System anliefern
- Lieferanten halten Vorräte / Steigerung der Anzahl Lieferanten die nach Abrufen oder automatisch nach aktueller Bedarfsübersicht anliefern
- Lieferanten erhalten Freipässe, Ware muss nicht mehr durch Wareneingang
- Nicht so viel wie möglich Aufträge in die Fertigung geben, sondern so wenig wie möglich (nur soviel, dass die Selbstorganisation der Gruppen noch funktioniert)
- Aufbau von Kennzahlensystemen, wie z.B.:
  - Verfügbarkeit in Reichweite je Disponent
  - Bestandslistenveränderung in € je Disponent
  - Fehlteile je Disponent
  - Drehzahl / Warenumschlag je Disponent, z.B. 6 mal pro Jahr
  - Anzahl termintreu gelieferter Aufträge, zu gesamt gelieferte Aufträge je Disponent = Termintreue je Disponent
  - Bestandssicherheit, bezogen auf die Verfügbarkeit des körperlichen Bestandes je Disponent
  - Bestellen von Bedarfen in gleichen Wellen und Mengen pro Produkt bzw. Produktgruppe
  - Wöchentlicher Umsatz zu Vertrieb
  - Wertschöpfung des jeweiligen AZ mit dem dazugehörigen Montagebereich
  - Aufträge müssen innerhalb eines Tages in der Fertigung sein
  - Standardprodukte / -varianten müssen innerhalb von 5 Tagen beim Versand sein
  - Anzahl Teillieferungen zu Gesamtzahl gelieferter Auftragspositionen
  - Durchschnittliche Durchlaufzeit der Aufträge von Dispobearbeitung bis Lieferung des Auftrages

C) Einkauf / Wareneingang

Schaffen eines strategischen Einkaufs mit folgenden Zielen:

- Lieferantenbewertungen durchzuführen und die Erkenntnisse daraus umsetzen
- die Anzahl Lieferanten jährlich zu reduzieren
- die Anzahl Einzelbestellungen zu reduzieren
- die Anzahl Abrufe zu erhöhen
- die Anzahl Lieferanten die für uns Vorräte halten, jährlich zu erhöhen
- das Bauhausverfahren jährlich auszuweiten
- Lieferanten bei denen wir nur C- oder D-Kunde sind, völlig auszuscheiden (optimale QL und Termintreue ist ausschlaggebend)
- eine 100 % - Versorgung bei optimaler Umschlagshäufigkeit zu erreichen

- einen jährlichen Einkaufserfolg von X € erzielen (Einkaufserfolg zu theoretischem Warenkorb)
- Gemeinkosten permanent zu reduzieren, wie z.B.:
  - Komponenten einkaufen / Warensets einkaufen (alle Teile liegen unmontiert als Set gebündelt auf z.B. einer Palette, die der Hauptlieferant so für uns, z.B. 10 stückweise zusammenstellt und anliefert)
  - Kosten pro Bestellung / pro Lieferant zu reduzieren
- Senken der durchschnittlichen Lieferzeit in Tagen

um durch permanentes Lieferantenmanagement eine permanente Verbesserung von Qualität, Service in Produktion, Technik und Belieferung zu erreichen und

- Minimieren folgender Kennzahlen im Wareneingang um z.B. jährlich 10 %:
  - durchschnittliche DLZ der Ware im Wareneingang
  - durchschnittliche Anzahl kontrollierte WE zu gesamter Anzahl WE
  - durchschnittlicher Zeitaufwand pro Wareneingangskontrolle
  - durchschnittliche Kosten eines Wareneinganges

D) Fertigung

- Einrichten von prozessorientiert ausgerichteten Fertigungszellen / Fließinseln in der Vorfertigung
- Einrichten von Linienfertigung in der Montage, sofern ein Mitarbeiter das Produkt nicht 100 % komplett montieren kann (Arbeitsinhalte zu groß)
- Mitarbeiterqualifikation weiter verbessern, für flexibelsten Einsatz
- Selbständige Eigenbetriebe einrichten, Beispiel Stanzerei
- Arbeitsplätze / einfache Maschinen mit Rädern versehen, dass sie als Beistellarbeitsplätze an verschiedenen Arbeitsplätzen flexibelst eingesetzt werden können
- Alle Arbeitsplätze analysieren auf
  - wertschöpfende / nicht wertschöpfende Tätigkeiten, wie z.B.
    - Einlegen
    - Ablegen
    - Transport an anderen Arbeitsplatz
  - nicht wertschöpfende Anteile reduzieren durch Zusammenstellen von Arbeitsplätzen oder fertigen in festen Losen
- Abbau von Akkord / akkordähnlichen Leistungslohnsystemen
- Umbau des Bringsystems in Einführen von Hol- / Saugsystemen [1)] in der Fertigung (Mitarbeiter müssen Kümmerer werden, sie sagen wann sie was, zu welchem Termin im Detail benötigen)
- Einführen von KANBAN-System (Mitarbeiter haben Bestandsverantwortung)

- Führen nach Kennzahlen oder Bonussysteme mit Monatsprämie einführen
  - Produktivität der Zelle
  - durchschnittliche Rüstzeit
  - verkaufte Stunden zu Anwesenheitsstunden
  - Nutzungsgrad der Automaten
  - durchschnittliche Taktzeit der Automaten
  - Anzahl termintreu gelieferte Aufträge zu Gesamtzahl gelieferter Aufträge
  - Reklamationsquote in €
  - durchschnittliche Durchlaufzeit von Auftragseingang in Auftragsabwicklungszentrum bis Auslieferung an Versand
  - Wertschöpfung
  - Erwirtschaftete Fertigungs- oder Herstellkosten o.ä.

1) Mitarbeiter bestellen Ware, Transport wird nach wie vor von Logistikpersonal durchgeführt

11. Zusammenfassung

Termintreue, Produktivität und Qualität werden in einer flexiblen und rüstzeit- bzw. durchlaufzeitminimierten Fertigung immer wichtiger.

Die genannten Techniken / Organisationsvorschläge sind die Mittel und Möglichkeiten zur

- Verbesserung der Termintreue trotz steigender Variantenvielfalt und kleineren Losen
- Erreichen höherer Lieferbereitschaft bei niederen Beständen
- Kürzere Lieferzeiten, höhere Flexibilität, kürzere Durchlaufzeiten
- Verbesserung der Produktivität und Liquidität
- Nutzen von Prozesskosteninformationen zum Gemeinkostenmanagement

um schneller und flexibler, mit motivierten Mitarbeitern reagieren zu können als die Konkurrenz.

Durch die vorgestellten Konzepte

Kundenorientierung

- Reorganisation der Auftragsabwicklung / Auftragsabwicklungszentren
- Teambildung in der Auftragsabwicklung – wer macht was – und Qualifizierung
- Setzen und Erreichen von Teamzielen

Fertigungssegmentierung

- Teambildung in der Fertigung / Gestaltungsprinzipien für Gruppenarbeit
- Reorganisation der Fertigungsabläufe, der Arbeitsorganisation, Qualifizierungsmaßnahmen
- Steuerungsprinzipien
- Setzen und Erreichen von Teamzielen

Neue Wege in der Materialversorgung

- Dezentralisierung von Dispositionsbefugnissen
- Partnerschaftliche Zusammenarbeit mit Lieferanten
- KANBAN-Steuerung / Regalserviceverfahren

Schlanke Unternehmensstrukturen und Geschäftsprozesse

- Was sind Geschäftsprozesse, Darstellen von Geschäftsprozessen
- Analyse auf wertschöpfende und nicht wertschöpfende Tätigkeiten / überflüssige Tätigkeiten / Blindleistungen
- Geschäftsprozessoptimierung / -organisation, Auswirkungen auf Kosten und Arbeitsqualität

Motivationsziele in der Teamarbeit

- Philosophien und Ziele von KVP
- Ergebnisorientiertes, unternehmerisches Denken und Handeln
- Ziel- und ertragsorientiert aufgebaute Entlohnungssysteme für erfolgreiche Teamarbeit / Erreichen von Kennzahlen = Bonuslohnsysteme

können je nach Stand der Organisation im Unternehmen, folgende Ergebnisse erzielt werden:

Ergebniszahlen aus Projekten:

- Umsatzsteigerung 30 %
- Durchlaufzeitreduzierung 50 %
- Fehlerquote nahe 0
- Reklamationsquote 0
- Kostenreduzierung 25 %
- Produktivitätssteigerung 30 %
- Bestandssenkung 50 %

Allerdings ist dazu erforderlich, die Organisation zu verbessern und die Mitarbeiter für ihre neue Aufgabe entsprechend zu qualifizieren und mit Mut zum Risiko die aufgezeigten Wege einer verbesserten Auftragsabwicklung, Produktionsplanung, Fertigungs- und Werkstattorganisation, mit dem damit verbundenen anderen Denken und Handeln für eine erfolgreiche Teamarbeit zu verwirklichen.

Betrachten Sie eine Neuorganisation im Auftragsabwicklungs- / Fertigungsbereich in produktgruppenorientierte Führungs- und Fertigungsteams wie eine INVESTITION, die mittels einer Cash-Flow-Rechnung abgesichert werden kann

und

lassen Sie sich im Bedarfsfalle von Fachleuten zu diesem Thema beraten. Durch Vermeidung von Fehlschlägen erreichen Sie schneller und letztlich kostengünstiger das gewünschte Ziel

und

es ist nicht genug zu wissen, man muss es auch anwenden,

es ist nicht genug zu wollen, man muss es auch tun,

siehe nächste Seite „Goethe und die kontinuierliche Verbesserung".

Goethe und die kontinuierliche Verbesserung

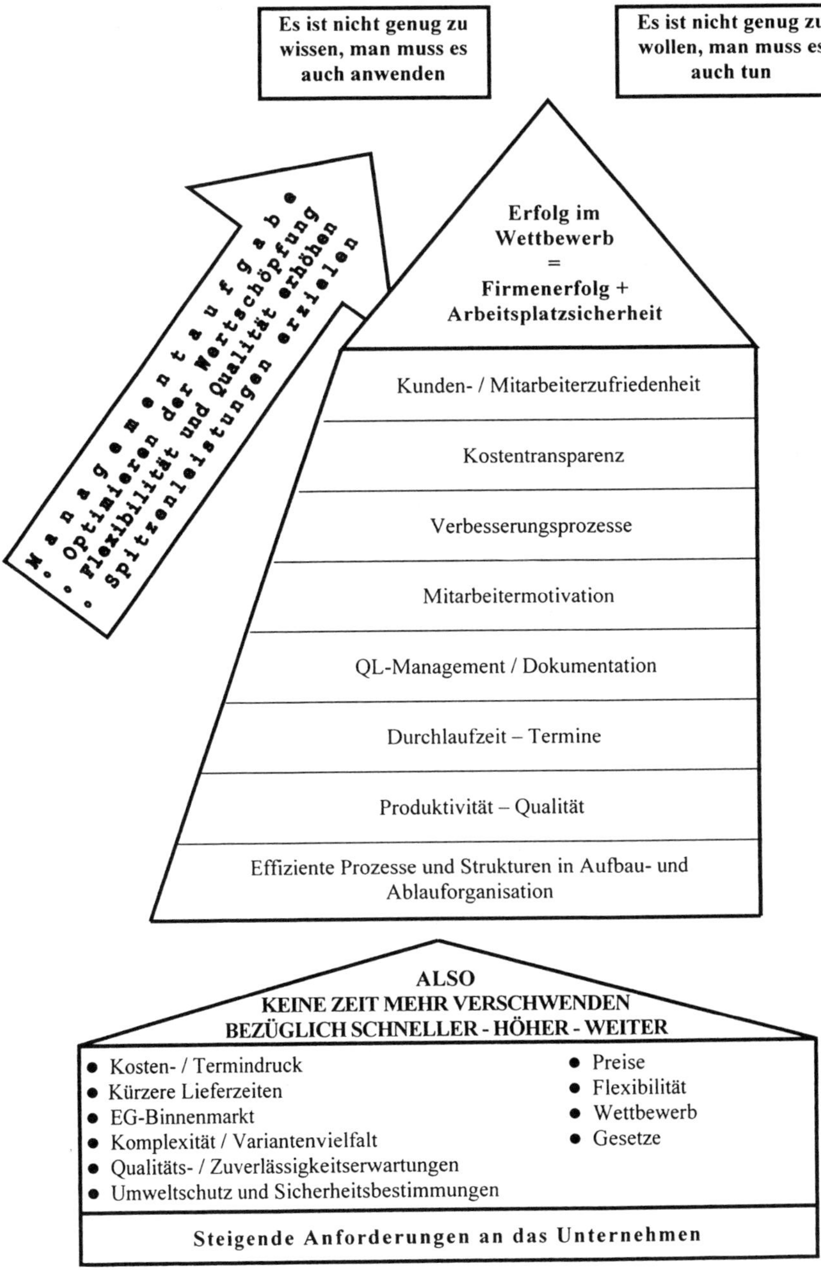

Literaturverzeichnis

Bruno Grupp, Materialwirtschaft mit EDV im Mittel- und Kleinbetrieb, Expert Verlag, 71268 Renningen

Carl Hanser Verlag, München, REFA-Methodenlehre des Arbeitsstudiums, Band 1 - 3

Beuth-Vertrieb, Berlin, Handbuch Industrial Engineering

Rainer Weber, Expert Verlag, 71268 Renningen, Entlohnungssysteme bei steigender Automatisierung und bei Gruppenarbeit

K.H. Tönshoff, Planen flexibler Fertigungen Hannover-Kolloquim 1982 der Hannoverschen Hochschulgemeinschaft

Weber / Clemens / Kaiser, Verlag Moderne Industrie, Landsberg, Praxisratgeber: Die Liquidität ist knapp - was tun?

Maynard, Beuth-Vertrieb, Berlin, Köln, Frankfurt, Handbuch des Industrial-Engineering

Engel, K.H., Verlag Moderne Industrie, Landsberg, Handbuch der neuen Techniken des Industrial-Engineering

Rainer Weber, Expert Verlag, 71268 Renningen, Bestandssenkung

Monsberger, J., Materialfluss, Transport- und Lagertechnik, aus Schriftenreihe Verpackungspraxis, Herausgeber: Österreichisches Wirtschaftsförderungsinstitut der gewerblichen Wirtschaft, Wien

Röper, C., Lagergestaltung und Lagerhäuser, VDI-Verlag, Düsseldorf

AWF, Planung, Steuerung, Kontrolle von Flurförderzeugen, Behältern, Verpackung und Lagerwesen in Schriftenreihe AV, Heft 5, Herausgeber: Ausschuss für wirtschaftliche Fertigung e.V., Berlin

Frey, S., SRT-Arbeitsunterlagen, Die Materialwirtschaft und Lagerhaltung, REFA e.V., Darmstadt

Ringes, G., SIE-Arbeitsunterlagen, Planung und Einrichtung von Produktionsstätten, REFA e.V., Darmstadt

Bock, H., Rationelle Materialwirtschaft im Maschinenbau, Verlag: Moderne Industrie, München

John, B., Organisationsleiter-Handbuch, Verlag: Moderne Industrie, München

AWF, Arbeitsunterlagen, Grundlehrgang Arbeitsvorbereitung – Planung – Steuerung, AWF e.V., Berlin

VDI, Materialflussuntersuchungen, VDI 3300 – VDI 2689

Pichl, E., Materialwirtschaft, Beuth-Vertrieb, Berlin, Köln, Frankfurt

Weber, Rainer, Zeitgemäße Materialwirtschaft mit Lagerhaltung Expert Verlag, Band 266, 71272 Renningen

REFA-Lehrer-Unterlagen, REFA Darmstadt

Weber, Rainer, Werkstattorganisation und Werkstattsteuerung in der Lean-Production Expert Verlag, Band 395, 71272 Renningen

Lehrunterlagen Seminare für Betriebsleitung und Arbeitskunde, Seminare für IE, REFA Darmstadt

Gruppenarbeit „Leitfaden zur Einführung von Gruppenarbeit"
Autor: Univ. Prof. Dr. Horst Wildemann, zu beziehen bei
TWC – Transfer-Centrum GmbH, Leopoldstraße 146, D-80804 München

Wildemann, Horst, Leitfaden *Durchlaufzeit-Halbe* München 1998, ISBN 3-929918-15-3

Wildemann, Horst, Leitfaden *Fertigungssegmentierung* München 1998, ISBN 3-931511-07-3

Wildemann, Horst, Auftragsabwicklungssegmente München 1999, TCW Transfer-Centrum GmbH, ISBN 3-931511-57-x

Wildemann, Horst, Geschäftsprozessorganisation München 1997, ISBN 3-931511-05-7

Zeitschriften:
Die Arbeitsvorbereitung, Haufe / Hanser-Verlag
Werkstatt und Betrieb, Carl Hanser Verlag, München
Zeitschrift für wirtschaftliche Fertigung (ZwF), Haufe-Verlag, Freiburg
REFA-Nachrichten, REFA Darmstadt
Industrial Engineering, REFA-Darmstadt
CIM-Management, Verlag R. Oldenburg GmbH, München

RKW, RKW-Querschnittsberichte, Materialflussplanung, Transport- und Lagertechnik und Mengenmessung des Materialflusses, Beuth-Vertrieb, Berlin, Köln, Frankfurt, RKW-Vertrieb, Frankfurt

Roschmann, Karlheinz, Prof. Dr. Ing., „Betriebsdatenerfassung", Zeitschrift Fortschrittliche Betriebsführung und Industrial Engineering, Herausgeber REFA Darmstadt

Sammelwerke
Sammelwerk: Praxis des Rechnungswesens, Haufe-Verlag, Freiburg
Sammelwerk: Kostenrechnung und Kalkulation von A – Z, Haufe-Verlag, Freiburg

Lehrunterlagen:

Schulungsunterlagen der Unternehmensberatung Rainer Weber, 75181 Pforzheim-Hohenwart

Fachlehrgang: Arbeitsvorbereitung – Intensivausbildung

Von der herkömmlichen AV zum Auftragszentrum

Verbesserung der Auftragsplanung und –abwicklung in Verwaltung und Produktion

Neue Wege in Werkstattorganisation und Werkstattsteuerung

Kontinuierliches Optimieren der Kosten und der Produktionsabläufe

Fachlehrgang: Prämienlohn

Entlohnung bei steigender Automatisierung und bei Gruppenarbeit

Neue Entlohnungssysteme für Gruppenarbeit verbessern Ihr Ergebnis

Schlanke Produktion und schneller Auftragsdurchlauf erfordern neue Organisationsformen (Methodische Ansätze – Systematische Vorgehensweise)

Auftragsmanagement – Von der herkömmlichen AV zum Auftragszentrum und zur Gruppenarbeit

Einführung von Gruppenarbeit

Sachregister

RAINER WEBER
REFA-ING., EUR-ING
UNTERNEHMENSBERATUNG

Im Hasenacker 12
75181 Pforzheim-Hohenwart
Telefon (07234) 59 92 · Fax (07234) 78 45